KB185509

설마 저희가 엄마의 노후대책은 아니겠지요?

설마 저희가 엄마의

노후대책은 아니겠지요?

세 자녀를 명문대에 보낸
학군지 엄마의
리얼 자기돌봄 개척기

황혜정 지음

칸나북스

세 아이를 명문 대학에 보냈으니 성공한 인생이라 자부한 적이 있었다. 아이들이 각자의 재능을 찾도록 최선을 다해 도와주었고, 다행히도 각자 원하는 분야에서 다양한 전공을 선택했다. 그림을 잘 그리던 첫째는 서울대학교에서 미술을, 어린 시절 오케스트라 단원이 되고 싶다고 조르던 막내는 서울대학교에서 음악을 전공했다. 언어적 감수성이 높았던 둘째는 한국외국어대학교를 나와 고려대학교 대학원에서 언어학을 전공했다.

  아이 셋을 키우면서 가장 신경 쓴 것은 아이들이 자기 적성에 맞는 분야를 찾을 수 있도록 도와주는 것이었다. 아이들이 무엇에 흥미를 보이는지 늘 관심 있게 지켜봤고, 그게 무엇이든 편견 없이 온 마음을 다해 전적으로 응원하며 마음껏 즐기게 하였다.

언제 다 키우나 싶었는데 시간은 쉬지 않고 흘렀다. 어느새 아이들은 성인이 되었고, 나는 50대가 되었다. 아이들이 대학교에만 들어가면 커다란 짐을 내려놓고, 편안한 하루하루를 살 수 있을 거라고 생각했다. 하지만 정신을 차리고 보니 코앞에 노년이 바짝 다가와 있었다. 그러던 어느 날 막내가 말했다.

"엄마, 설마 저희가 엄마의 노후대책은 아니겠지요?"

우연히 아이가 던진 이 한마디는 나를 뒤흔들어 놓았다.

젊었을 때 노후는 생각하지 않고, 자녀 교육에만 너무 치중했던 것은 아닐까? 벌써 50대 중반인데, 너무 늦은 것은 아닐까? 자녀 교육에는 성공했지만 정작 내 인생은 실패한 걸까?

한동안 막막하고 우울했다. 지난날을 찬찬히 돌아보았다. 그 시절 내 감정이 어땠는지 생각나지 않는다. 온통 세 아이 교육에 전념하느라 정작 나 자신의 인생은 돌보지도 못한 시간이었다. 육아를 끝냈다는 긴장이 풀려서였는지 아니면 갱년기가 되어서였는지 아팠다. 몸도 아프고 마음도 아팠다.

진지하게 내 미래를 생각했다. 비로소 나만의 인생을 살아야겠다는 생각이 서서히 들기 시작했다. 노후를 생각하면 막연하고 불안하기만 한 사람이 나뿐만은 아닐 것이다. 아이들을 키우는 동안에는 노후까지 생각할 겨를이 없었다. 노후는 아직은 먼 남의 일, 나와는 별로 상관없는 일이라고 생각했다. 우리 아이들도 그랬을 것이다. 대학만 잘 가고 좋은 회사에만 들어가면 끝인 줄 알았을 것이다. 하지만 아이들은 여전히 자신이 원하는 삶을 찾아가고 있다. 나 역시 내가 원하는 삶을 찾아가는 중이다.

나는 이제 어떻게 살아야 하지?

육아라는 숙제가 끝나 한시름 놓고 돌아보는 순간 까맣게 잊고 있던 내 숙제가 떠올랐다. 아이들이 다 큰 이후에도 계속 이어지는 나의 삶, 50대부터의 그 이후의 삶을 어떻게 살아야 하나. 나는 혼란스러워졌다.

어떻게 해야 나를 잘 돌볼 수 있을까?

아이들은 힘든 고비가 왔을 때 어떻게 헤쳐 나갔지? 그때 나는 아이들에게 무엇을 해 주었지? 아이들을 기르던 순간들을 차근차근 되돌아보았다.

나는 세 아이들을 잘 돌봤어. 그러니까 지금까지 아이들을 돌본 것처럼 나를 돌보자! 아이들에게 쏟았던 열정을 이제는 나에게 쏟는 거야.

엄마로서 내가 아이들에게 했던 행동 중에 지금 나에게 시사하는 것이 무엇인지 찾아 보았다. 우선 내가 가장 잘 할 수 있는 것을 하기로 했다.

지금까지 아이들을 돌본 방식으로 하면 앞으로 내 인생도 잘 살아낼 수 있을 거라는 생각이 들자 자신감이 생겼다. 자기돌봄에 대한 고민을 시작하는 과정에서 돌봄에 대한 생각에 막연한 편견이 있었음을 깨닫고 자기돌봄을 새롭게 정의했다. **내가 나를 주체적으로 이끌어 가는 것. 즉, 나에 의한 나의 돌봄.** 이것이 내가 생각하는 자기돌봄이다. 그렇게 자기돌봄의 방향을 잡은 다음 실천 목록을 만들어 하나씩 실천하기 시작했다.

이 책은 학군지에서 세 아이를 키우며 교육열이 매우 높았던 50대 중반의 한 엄마가 자기돌봄의 필요성을 인식하고 실천해 가는 과정을 담았다. 어쩌다 오십이 된 시점에 노후의 삶에 대해 각성하며 자기돌봄을 고민하기 시작하는 과정, 그리고 자기돌봄을 실천하는 방법이 들어 있다.

제1부에는 아이들을 명문대에 보낸 입시 노하우가 들어 있다. 나는 무엇보다 자신이 좋아하는 것을 찾도록 도와주었다. 자녀의 재능을 어떻게 발견하고 발전시켰는지에 대한 이야기와 아이들이 스스로 진로를 찾아 나가는 과정을 담았다. 또한 아이가 힘들 때 어떻게 헤쳐나갔는지에 대한 이야기도 담았다.

제2부에는 세 아이의 대학 이후 이야기가 들어 있다. 대학을 졸업한 후에 취업에 고군분투하는 아이들의 모습과 취업이 끝이 아니라 또 다른 시작이라는 내용을 담았다. 대학만 보내면 끝인 줄 아는 엄마들도 많을 것이다. 그 이후에도 자신을 찾아가는 아이들의 삶은 계속된다.

제3부에는 엄마를 졸업하는 과정을 담았다. 어느새 아이들은 성인이 되었고, 노년의 삶에 대한 준비 없이 50대에 들어선 나를 발견하고 진짜 나를 찾아가는 과정이다. 나의 의식이 자녀돌봄에서 자기돌봄으로 방향을 전환하는 과정이 들어 있다.

제4부는 진정한 자기돌봄을 찾아가는 과정이다. 돌봄에 대한 새로운 나의 생각을 정의해 보았다. 어떻게 나를 잘

돌볼 것인가에 대한 현실적인 고민의 과정이 담겨 있다.

제5부는 나를 위한 돌봄의 실천 방안이다. 입시 전략처럼 노후대책을 세우고 실천할 수 있는 방법을 정리했다. 나를 더욱 성장시키기 위한 내적·외적 자기돌봄의 방법을 담았다.

자녀 양육이라는 늪에서 허우적대는 젊은 부모가 이 책을 읽는다면 자녀가 성장한 후를 상상해 보는 기회가 될 것이다. 특히 자녀가 중고등학생이라면 세 아이를 명문대에 보내기까지의 이야기 속에서 자녀의 적성을 찾아내는 방법에 대한 팁을 얻을 수 있을 것이다. 대학생 자녀를 둔 독자들은 자녀가 새로운 진로를 모색할 때 엄마로서 그 상황을 어떻게 받아들이고 어떤 말을 해 주어야 할지 미리 생각해 보는 시간이 될 것이다.

"자기돌봄의 중요성은 나도 잘 알겠어요. 그런데 당장 뭘 어떻게 할까요?"

이런 질문을 가진 분들은 여기에 제시한 나의 자기돌봄 실천 목록을 보고 자기만의 실천 목록을 새로 만들어 보길 바란다. 사는 방식이 다양하듯, 자기돌봄 방식에도 정해진 것은 없다. 자신이 살아온 과정 안에서 답을 찾을 수 있을 것이다.

이 책을 쓰기까지 여러분들의 도움이 있었다. 책 쓰기를 시작하기까지 가르침을 주신 양윤이 교수님께 감사를 드린다. 그리고 책이 완성되기까지 물심양면으로 도움을 준 강미선 대표와 최수진 님께 감사의 마음을 전한다.

황혜정

목차

제2부 대학만 보내면 끝인 줄 알았는데

제3부 이제 엄마를 졸업합니다

제5부 노후대책도 입시 전략처럼

제1부

제 자녀를 명문대에 보냈습니다

세 아이를 모두 명문대에 보냈다.

남들은 성공적으로 아이를 잘 키웠다고 부러워한다. 하지만 내가 아이 셋을 키우면서 잘했다고 생각하는 점은 좋은 대학에 보낸 것이 아니라, 바로 아이들에게 즐거운 공부를 하게 해 준 것이다. 적성을 찾아주기 위해 노력하고, 진심을 다해 응원해 주었을 뿐이다. 아이들의 감성을 중요하게 생각했다. 작은 감동이라도 놓치지 않고 극대화해 주었고, 공감해 주었다. 아이들의 예술적 재능은 타고났다기보다 길러진 것이다. 미래가 어떻게 변화할 지를 염두에 두고 기획해 가며 아이들을 키운 것도 아니었다. 다만 아이들이 행복한 삶을 살았으면 하고 소망했던 나의 소신과 신념이 아이들을 명문대로 이끌었다. 지금 어린 자녀를 어떻게 키울까 고민하는 엄마가 있다면, 지금의 교육 제도 안에서 방향을 못 잡고 고민하는 엄마가 있다면, 아이의 선택을 믿고 다방면에 아이의 가능성을 열어 두었으면 한다. 엄마의 믿음이 흔들리지 않는다면 아이는 자신의 진로를 스스로 정하며 자신의 길을 열어갈 것이다.

입시 노하우

1

~~~~~~~~~~

자녀의 재능을 어떻게 발견할까?

일상에서 재능 발견하기

큰아이가 3살 때 우리 가족이 멜론을 먹으려고 한 자리에 모인 날이었다. 식탁 위에서 커다랗고 둥그런 멜론을 막 자르려 순간, 아이가 갑자기 방으로 쪼르르 달려갔다. 뭐 하나 싶었더니 스케치북과 크레파스를 가져와서는 연두색 크레파스로 그림을 그리기 시작했다. 크레파스를 잘 다룰 줄도 모를 때여서 손바닥으로 크레파스를 움켜잡듯이 쥐고는 동그라미를 스케치북에 큼직하게 한 번에 그렸다. 아이는 처음 보는 멜론이 아주 인상적이었나보다. 그리고는 멜론 껍질의 얼기설기한 거친 질감까지 쓱쓱 그리는 게 아닌가? 누가 봐도 멜론이었다. 만지면 거칠거칠할 것 같은 표면의 느낌을 그대로 살린 멜론을 단 몇 분 만에 표현해 낸 것이다! 남편과 나는 그림을 보며 감탄했다. 난 아이가 미술에 특별

한 재능이 있음을 그때 단번에 알아챘다.

사실 나도 그림에 관심이 많았다. 의상디자인을 전공하며 대학교 미술 동아리에서 그림을 그리기도 했었다. 아이가 그림에 소질이 있는 것 같다는 생각이 들자 우선 아동 미술 지도책을 몇 권 샀다. 아무리 집에서 하는 미술 놀이라도 제대로 가르치고 싶었기 때문이다. 그 책으로 혼자 연구를 해서 물감놀이, 모래놀이, 염색놀이, 찰흙놀이 등을 하며 함께 놀았다.

어릴 때 아이의 재능이나 소질을 발견하는 것은 매우 중요하다고 생각했다. 일상생활 속에서 아주 사소한 행동도 눈여겨보았고 아이가 무슨 생각으로 그렇게 행동했는지 그 이유를 찾으려 했다. 내 아이를 더 잘 이해하려면 행동의 이유를 알아야 한다고 생각했기 때문이다.

좋아하는 것 맘껏 하게 하기

미술을 하려면 재료를 늘어놓을 공간이 넓어야 한다. 맘껏 즐길 수 있는 여건을 만들어 주려고 방 한쪽에 스케치북, 크레파스, 물감, 풀, 가위, 색종이, 종이 찰흙, 고무 찰흙 등 문구점을 방불케 할 정도로 거의 모든 문구류를 다 갖춰 놓았다. 그림책을 보다가도 거기에 물고기가 나오면 아이는 원하는 색연필을 집어 물고기를 그리고, 색칠하고, 색종이를 오리고 붙였다. 과일을 먹다가도 갑자기 색깔 고무 찰흙을 가져와 사과를 만들곤 했다. 종이접기를 하다가 지루해지면 천 조각을 오려 붙이며 콜라주를 했다.

그림을 그리기 좋아하는 아이를 위해 그림을 마음껏 그리게 해 주었다. 아이 방에는 도화지, 스케치북뿐만 아니라, 온 벽에 하얀 모조지를 붙여 주었다. 아이는 여기저기 내키는 대로 그림을 그렸다. 아이의 모든 그림에는 아이만의 이유가 있었고, 스토리가 있었다. 나는 그런 아이의 그림을 버리지 않고 모아 두었다. 그리고 왜 그런 그림을 그렸냐고 물어보며 아이와 함께 이야기하곤 했다.

미술 학원에 가고 싶어하는 아이를 위해 신중하게 미술 학원을 골랐다. 그림을 그리기 전에 아이의 생각과 상상력을 끄집어내 스토리텔링을 하도록 도와줄 수 있다는 곳을 찾았다. 미술 학원에 다녀오면 아이는 신이 나서 내게 그날 그린 그림에 대해 미주알고주알 설명해 주었다.

미술을 좋아하는 아이에게 미술을 마음껏 해 볼 수 있는 장을 만들어 주는 것이 중요하다고 생각했다. 아이는 다양한 시도를 하면서 경험을 쌓았고, 그러면서 성장하고, 재능을 발전시켰다. 또한 나는 이를 통해 아이의 재능에 대한 확신을 얻을 수 있었다.

세심하게 아이 관찰하기

둘째 아이가 태어난 지 1개월이 겨우 지났을 때였다. 동네 아주머니가 태어난 아기를 보러 놀러 오셨다. 그분이 아기를 어르면서 몇 마디 이야기하는데, 갑자기 잘 누워있던 아기가 자지러지게 우는 것이었다. 바늘에 찔리기라도 한 듯이. 평소의 울음소리와는 너무 달라서 깜짝 놀랐다. 그분이 몰래 아기를 꼬집기나 한 게 아닐까 하는 생각이 들 정도였다.

둘째는 순해서 배가 고프거나 기저귀가 젖었을 때만 칭얼대듯이 울었는데 이런 상황에선 왜 우는지 이유를 알 수 없었다. 그분도 당황해서 어쩔 줄 몰라 했다. 큰아이를 키워 봐서 웬만큼 아이를 잘 다룬다고 생각했는데, 갑자기 우는 아기를 달래지 못하고 초보 엄마처럼 쩔쩔맸다. 이후에 비슷한 경험을 몇 번 하고 나서야 그 이유를 알게 되었다. 아기는 바로 낯선 소리에 민감한 것이었다. 평상시에 듣던 소리가 아닌 다른 사람의 목소리에 민감하게 반응했고, 또래의 아기들보다 더 일찍부터 반응을 보였던 것이다.

아기들은 2~3개월이 되면 귀가 트이고, 3~6개월이 되면 소리에 반응하기 시작한다. 말이 빠른 아이는 돌이 지나면서 제법 몇 단어씩 말한다. 하지만 둘째 아이는 돌이 지나도록 말을 하지 않았다.

말을 못 하는 건가? 말이 늦는 걸까? 싶어 걱정했는데, 가만히 보니 일부러 하지 않는 것 같았다. 보통의 아기들이 말하는 것처럼 한 단어로만 말하거나 아기들만의 은어인 '유아 언어'를 쓰지 않았다. 두 돌쯤 지나자 할 말이 있으면 한참을 망설이고 망설이다가 천천히 야무지게 입을 뗐다.

"엄마. 물. 좀. 주세요."
"언니가. 아가를. 또. 때렸어요"
"엄마. 지금. 오줌. 너무. 마려워요."

아이는 하고 싶은 말이 있으면 가만히 생각하다가 머릿속으로 완벽한 문장이 완성되면 그때 비로소 말을 하는 것 같았다. 아기들은 보통 동요를 부를 때도 흥얼흥얼 얼버무리며, 가사를 몰라도 대충 비슷한 소리로 멜로디를 따라 불러 무슨 말인지 알아들을 수 없게 부르기 마련인데 둘째 아이는 가사를 모르면 아예 노래를 따라 하지 않았다. 가사를 정확히 익히고 나서야 노래를 불렀고, 정확한 가사를 신경 쓰느라 음정과 박자는 전혀 맞지 않았다. 나는 이런 상황들을 무심히 흘러보내지 않으려고 했다. 나름대로 예민한 시각으로 아이를 관찰하고 내 아이의 특별함을 찾아보려고 노력했다. 엄마는 그래야 한다고 생각했다.

아이 특성 살려 주기

말하기에 남다른 둘째 아이의 특성을 살려 주려면 어떻게 교육해야 할까? 고민하던 끝에 내가 고른 방법은 '동화구연'이었다. 나는 아이에게 책을 읽어줄 때 등장인물의 성격을 살려 실감 나게 읽어 주었다. 어떨 때는 피곤하기도 하고 귀찮아서 덤덤하게 대충 읽어 주면 아이는 "그거 아니야. 다시 읽어 주세요." 해서 성우처럼 읽어 주느라 진땀이 났다. 아이가 동화책 속 등장인물의 특성을 살려 동화구연을 할 때면 우리 가족은 신기하고도 재미있어서 넋을 잃고 들었다. 둘째는 의성어나 의태어를 따라 하거나, 들어보지도 못한 새로운 의성어를 만들어서 말하는 것을 즐겼고, 노래에 새로운 가사를 붙여서 라임을 만들고 반복해서 부르며 놀았다.

아이가 다니던 초등학교는 유치원부터 초·중·고가 다 있는 큰 학교였는데, 개교기념일에 학교 전체가 참여하는 큰 대회가 열렸다. 예전의 웅변대회 같은 '자기주장 대회'였다. 둘째가 그 학교 전체 대회에 초등학교 대표로 나가게 되었는데 중, 고등학생 언니 오빠들을 제치고 대상을 차지했다. 이러한 경험을 통해, 아이는 발음을 정확하게 표현하고, 조리 있게 말하는 연습뿐만 아니라 자기의 주장을 논리적으로 다른 사람 앞에서 발표할 수 있는 능력을 키워나갔다. 이러한 경험들은 리더십 있는 아이로 성장하는 데 밑거름이 되었다.

아이가 잘하는 것을 더 많이 하게 해 주는 것은 아이가 못하는 것을 억지로 잘하게 하려는 것보다 중요하다. 좋아하는 것을 할 때 아이는 더 즐겁고 행복해 한다. 형제 중 어떤 아이가 잘하는 것을 격려하다 보면 다른 형제들도 옆에서 보고 배우며 더 많은 경험을 하고, 서로가 주거니 받거니 장점을 학습하는 기회가 되기도 했다.

아이가 관심이 없는 것 찾아내기

막내는 누나 둘과는 달리 공부를 싫어했다. 그림 그리기도 별로고, 한글과 숫자에도 별로 관심이 없었다. 한글도 초등학교에 입학할 무렵까지 다 못 뗐었다. 시계 보는 것도 한참을 힘들어했다. 막내는 신체 활동을 좋아하고, 가만히 앉아서 하는 공부는 좋아하지 않는 것 같았다. 남자아이라서 그러나? 여자아이들과는 다르게 학습적인 면에서 좀 늦되나보다 정도로 생각하고 어릴 때는 별로 걱정하지 않았다.

'한배에서 나온 강아지들도 아롱이다롱이'란 말처럼 세 아이를 키우다 보니 아이들은 각기 개성이 달랐다. 막내 아이를 키우는 데 학습적인 면에서 누나들과는 확연히 다른 점이 있었다. 예체능 같은 것뿐만 아니라 공부에도 타고난 재능이 있다는 걸 그때 처음 느꼈다. 아이마다 개성이 다르고 좋아하는 것, 잘하는 것, 모두 다르다. 그건 공부에도 예외는 아니다. 그런데 획일적인 공부를 시키고 같은 결과치를 기대하기도 한다. 막내는 자라면서도 공부를 좋아하지 않았고, 공부에 재능이 없는 것 같다는 생각이 들기 시작했다.

일찍부터 막내가 공부에 별로 소질이 없다는 것을 알아챈 것은 엄마인 나에게도 아이에게도 다행한 일이었다. 나중에 진로를 선택할 때 아이가 좋아하지 않는 것을 억지로 선택지에 넣지 않아도 됐기 때문이다. 아이가 원하지 않는 공부를 억지로 시키는 엄청난 실수를 하지 않게 된 것이었다. 아이도 싫어하는 공부를 하며 불행한 청소년 시절을 보내지 않아 다행이었다. 더욱 다행인 것은 나도 아이도 함께 마음을 열고 공부가 아닌 다른 분야로 관심을 확장할 수 있었다는 점이다.

아이의 딴짓 눈여겨보기

공부에 소질이 없다고 모든 걸 다 못하는 건 아니다. 뛰어난 점도 있기 마련이다. 막내는 호기심과 창의력이 높아 보였다.

막내가 4살 때였다. 식탁에 앉아서 밥을 먹고 있었는데 아이가 계속 식탁 밑에 들어가서 왔다 갔다 하며 분주했다. 땀을 뻘뻘 흘리며 열심히 무언가를 하는 것이었다. 계속 밥을 먹던 우리는 잠시 후 깜짝 놀랐다. 식탁 다리 하나가 쿵 하며 빠져 바닥으로 떨어지는 것이 아닌가? 아이의 손에는 드라이버가 들려 있었다. 무슨 일이냐고 놀라서 물었더니 식탁 다리를 고치고 있었단다. 식탁 다리의 나사를 조인답시고 풀고 있었던 것이다.

막내는 어려서부터 책상에만 앉으면 딴짓을 했다. 공부

를 하나? 하고 들여다보면 레고를 만지작거리고 있고, 한참 후에 다시 들여다보면 새로운 무언가를 만들고 있었다. 공부하는 학생의 책상인데 책상 위에는 연필이나 공책이 아니라, 톱, 스패너, 망치, 드라이버, 글루건 같은 연장들이 수북이 쌓여 있었다. 물건의 구조를 분석한다고 분해해서 망가트린 물건들이 말할 수 없이 많았다. 그 물건들의 잔해를 보물처럼 모셔 놓고 버리지도 못하게 했다.

처음에는 공부에 집중하지 않고 딴짓한다며 야단을 쳤다. 하지만 아이 입장에서 다시 생각해 보려고 노력했다.

호기심이 많은 아이니까, 공부보다 이런 것이 더 재미있을 거야. 아이는 딴짓이 얼마나 재미있을까?

아이를 이해하려고 노력했다. 그때는 우리 아이가 에디슨 같은 과학자가 될 것 같았다.

아이가 딴짓을 하는 데는 분명히 이유가 있었다. 아이가 어떤 것에 관심이 있는가 또는 관심이 없는가 하는 것은 아이가 가지고 있는 소질이나 재능과도 무관하지 않다. 그래서 아이가 무엇을 좋아하는가, 무엇을 하기 싫어하는가 더욱 객관적인 시각으로 세심하게 관찰해야 된다고 생각했다.

아이 관심사 지지하기

막내가 다니던 초등학교에는 오케스트라가 있었다. 초등학교 오케스트라였지만 그 수준은 상당히 높았다. 턱시도를 멋지게 차려입고 고사리 같은 손으로 연주하는 아이들을 보면 대견하기도 하고, 부럽기도 했다. 아이의 마음도 그랬을까. 호기심이 많고 의욕이 넘치는 막내는 3학년이 되자 오케스트라에 들어가겠다고 졸랐다.

오케스트라는 3학년부터 오디션을 볼 수 있었다. 그런데 아이가 다룰 수 있는 악기는 전혀 없었다. 바이올린이나 첼로, 클라리넷 같은 악기는 어릴 때부터 배워서 상당한 실력을 갖춘 아이들의 몫이었다. 막내가 갑자기 악기를 배워 오디션을 본다는 것은 사실 불가능했다.

잘하는 악기가 하나도 없었지만 의욕 넘치는 막내는 오

케스트라에 너무나 들어가고 싶어 했다. 지휘자 선생님께서 아이의 열정을 알아차리실 정도여서, "마침 트롬본 자리가 하나 남아 있는데 해 보겠냐?"라고 제안하셨다. 금관악기인 트롬본은 비인기 악기에 속한다. 악기 특성상 소리내기도 어렵고, 악기도 크고 무거워서 어린 나이부터 연주하기는 너무 힘들기 때문이다. 선뜻 지원하는 아이들이 없었던 것도 그래서였을 것이다. 지휘자 선생님은 "지금부터 배워서 열심히 해 보겠냐?"라고 물으셨고, 의욕으로 불타오르던 아이는 신이 나서 "무조건 그렇게 하겠습니다."라고 덥석 대답했다. 그때부터 우리 아들의 오케스트라 음악인생이 시작되었다.

오케스트라는 잘 짜인 조직이다. 악기를 연주하는 사람들 사이에 엄격한 규칙과 서열이 있다. 아무리 초등학교 오케스트라라고 하더라도 오케스트라 활동을 한다는 것은 정말 쉬운 일이 아니다. 하나의 소리로 연주한다는 것은 나만 잘해서도, 나만 못해서도 안 된다. 아름다운 연주를 하려면 조화를 이루어야 하고, 그러기 위해 내 몫을 다해야 한다. 오케스트라 활동은 배려심과 기다림, 조화와 협동을 배우기에 매우 훌륭한 사회생활이다. 상급 학교에 진학하거나 외국에 유학 갈 때 학창 시절의 오케스트라 활동 경력이 인정받는 스펙이 되는 이유도 여기에 있는 것 같다.

다행히 트럼본이라는 악기는 막내의 성향과 잘 맞았다. 오케스트라 수업은 일주일에 3시간씩 있었지만, 그 정도의 연습량으로 실력이 뛰어난 다른 친구들을 따라갈 수 없었다. 자기 키만한 악기를 메고 다니며 집에 와서도 매일 연습하고, 부족한 실력을 채우기 위해 레슨까지 받아 가며 피나는 노력을 했다. 아이는 공부보다는 확실히 음악에 더 의욕적이었다.

그렇게 고난의 한 학기를 보내고 첫 번째 오케스트라 발표회가 있던 날, 무대 위에서 '요한 슈트라우스의 라데츠키 행진곡'을 연주하는 아이의 모습이 기특해서 눈물이 났다.

엄마는 아이가 못하는 공부를 대신해 줄 수도 없고, 못하는 악기를 대신 연주해 줄 수도 없다. 엄마가 할 수 있는 것은 아이를 응원하는 일이다. 넌 잘할 수 있다고 믿음을 가지고 지지하며 기다려 주었다.

입시 노하우

2

~~~~~~~~

자녀의 마음을 어떻게 돌봐 줄까?

아이들과 행복한 시간 만들기

아이들이 어렸을 때 우리가 살던 동네는 산으로 둘러싸여 있었다. 한쪽은 불암산, 다른 한쪽은 수락산이 있어서 마음만 먹으면 10분 안에 산을 오르기 시작할 수 있는 동네였다. 큰아이가 학교에 들어가기 전에는 주말이면 남편과 나는 아이 둘을 데리고 산에 오르곤 했다. 봄이 오면 산에 진달래가 만발했다. 봄꽃들은 늘 그러하듯 아름다움을 오래 간직할 틈을 주지 않고 사라져 버린다.

나는 꽃이 지는 게 항상 아쉬웠다. 꽃 속에서 사진을 찍어주기도 했지만, 이 예쁜 진달래를 아이들 머릿속에 더 강렬하게 남겨 주고 싶었다. 그래서 아이들에게 제일 예쁜 꽃잎을 몇 장만 따라고 했다. 영문도 모른 채 아이들은 신이 나서 까치발을 해 가며 조잘조잘 꽃잎을 땄다. 그 꽃잎으로 무엇을 할까? 아이들은 궁금해했다. 집에 와서 나는 찹쌀가루를 반죽해서 아이들에게 동글동글하게 빚으라고 했다. 아이들은 고사리 같은 손을 아래위로 굴리며 동그란 경단을 제법 잘 만들었다. 프라이팬에 동글납작하게 빚은 경단을 놓고 그 위에 꽃분홍 진달래 꽃잎을 아이들이 직접 얹게 하여 화전을 만들었다.

화전을 만드는 아이들은 찰흙놀이하듯, 꽃 그림을 그리듯 즐거워했다. 아이들은 그날 먹은 진달래화전이 인상 깊었는지 그림일기까지 쓰고 그렸다. 그때 이후로 진달래화전을 만들어 먹는 일은 연례행사가 되었다. 어른이 된 지금도 봄이 오면 진달래화전 이야기를 하곤 한다.

어려서부터 아이들이 재미있어하면 그림을 그리든, 찰흙놀이를 하든, 요리를 하든, 무엇을 가지고 놀아도 집안이 더러워지는 것을 감수하고 맘껏 하게 했다. 악기를 배우면 집에서 작은 음악회를 열었다. 도레미파를 겨우 연주하고, 캐스터네츠 밖에 두드리지 못해도 그런 아이 모습에 즐거워하며 연주를 감상했다. 컴퓨터를 배울 때도 함께 배웠다. 누가 더 워드를 잘 치나 게임을 하기도 했다. 물론 컴맹 수준이었던 엄마보다 아이들이 훨씬 잘했다. 자기보다 못하는 엄마를 신이 나서 가르쳐 주며 아이들은 더 열심히 공부했다. 나는 항상 아이들과 함께 즐겁게 배우려고 했다.

진달래화전은 그 어떤 경험보다도 살아 있는 소중한 추억이 되었다. 아이를 데리고 다니며 사진만 찍었다면 지금까지 기억나는 경험은 없지 않았을까. 눈으로만 하는 경험보다는 손을 움직이며 무언가를 하는 즐거움이 더 중요하다고 생각한다.

아이의 감정에 공감해 주기

막내가 7살이 되었을 때였다. 막내는 자전거 타는 것을 좋아했다. 그런데 집 앞의 도로는 늘 복잡하고, 차도 많아서 개구쟁이였던 막내가 자전거를 끌고 나가면 마음이 놓이지 않았다. 그래서 항상 나도 자전거를 타고 아이를 따라 다녔다. 생전 타 본 적도 없는 자전거를 이 아이 덕분에 나이 마흔이 되어서 처음 배우게 되었다.

아이는 중랑천을 따라 달리는 자전거 도로를 좋아했다. 그런데 우리 집에서 꽤 먼 거리여서 어설픈 자전거 실력으로는 거기까지 가기가 무서웠다. 할 수 없이 자동차에 자전거를 싣고 가야 했다. 자전거를 두 대나 차에 싣고 내리는 일은 쉬운 일이 아니었지만 자전거 도로에서 자전거를 타면 안전하고, 달리는 속도감도 좋았다. 아마도 이런 이유

때문에 중랑천 자전거 도로를 좋아한다고 생각했다.

여느 때처럼 자전거를 타던 날, 비가 한두 방울 떨어지기 시작했다. 비가 더 내리기 전에 집으로 돌아가자고 했더니 아이가 나를 보고 말했다.

"엄마, 자전거를 타면 풀 냄새가 나요. 난 이 냄새가 좋아요. 비가 오니까 흙냄새도 나네요."

그날 말없이 비를 맞으며 자전거를 타는 아이를 한참이나 따라갔다. '아이가 자전거 타는 이유가 풀 냄새를 맡기 위해서였구나.' 그날 이후로 자전거 두 대를 싣고 내리면서 아이를 따라다니는 수고를 즐거운 마음으로 감수했다.

아이를 통해 엄마인 나도 배우고 경험하는 것이 있다. 아이의 안전이 염려되어 따라다니려고 배우게 되었지만, 그 덕에 자전거를 잘 탈 수 있게 되었다. 그리고 날씨에 구애받지 않고 자연을 즐기는 법을 배웠다.

키우기보다 지켜주기

아이에게 부족한 것을 키워 주려는 엄마들을 많이 본다. 나는 어떻게 하면 '아이가 가진 것을 잘 지켜줄 것인가.'를 고민하는 편이다. 엄마의 무관심이나 지나친 간섭으로 아이가 가진 재능을 사라지게 해서는 안 된다고 생각했다. 아이의 사소한 표현 하나하나를 흘려듣지 않으려고 했고, 아이가 느끼는 작은 감성 하나도 놓치지 않으려 했다. 아이의 작은 행동에도 큰 의미를 부여해 주었고, 재밌는 생각이나 참신한 언어를 구사하면 폭풍 칭찬을 아끼지 않았다. 엄마인 나도 함께 느끼고 공감하려고 애썼다. 엄마의 공감 속에서 아이의 창의력이 키워진다고 믿었다.

막내는 어려서부터 레고를 가지고 노는 것을 좋아했다. 그런데 원하는 멋진 레고 세트를 사줘도 아이는 설명서에 있는 대로 하지 않고 항상 자기 마음대로 조립하는 것이었다. 로봇을 만드는 재료를 가지고 공룡을 만들고, 비행기를 조립하는 세트로 자동차를 만들었다. 만들어 놓은 완성품은 기괴하기도 하고 조잡하기도 하고 우스꽝스럽기도 했다. 하지만 왜 설명서대로 하지 않느냐고 나무란 적은 없었다. 오히려 아이에게 "너무 재미있다."거나 "독특하다."는 칭찬을 아끼지 않았다.

창의적이고 감성이 풍부한 편인 막내는 음악을 자신의 길로 선택했다. 어린 시절 호기심과 상상력을 맘껏 펼칠 수 있게 해 주었던 것이 혹시 예술가의 자질을 갖는 데 도움이 되지 않았을까.

진심으로 응원하기

일곱 살 때도 한글을 못 뗀 막내가 유치원에서 열리는 동화 구연 대회에 나가고 싶어 했다. 어디서 그런 용기가 났는지 선생님께 자기도 대회에 참가하겠다며 큰소리를 치고 왔단다. 그런 아이에게 "글자도 못 읽으면서 무슨 동화 구연이냐?" 하고 나무랄 생각은 없었다. 아이가 재미있어 하니 그저 나도 덩달아 신이 났다.

모든 엄마가 다 그렇겠지만 나는 아이의 용기를 진심으로 응원한다. 지금도 그렇다. 한글을 모르지만 동화 구연 대회에 나가겠다며 잔뜩 꿈에 부풀어 있는 아이가 실망하도록 내버려둘 수는 없었다. 아이에게 원고를 한 줄씩 읽어 주며 외우게 하고, 열심히 해 보라고 격려도 해 주었다. 다른 친구들보다 두 배쯤 연습을 더 한 것 같은데 만족스러운 결과는 아니었다. 그래도 아이는 자신의 노력을 만족스럽게 여겼다. 아이의 의도는 동화 구연을 잘해서 상을 받고 싶은 게 아니었다. 사람들 앞에 나가 발표하고 박수를 받고 싶은 거였다. 아이는 결과보다 동화 구연 대회를 준비하면서 더 즐거워했고, 나도 아이의 노력이 더 중요하다고 생각했다. 또 아이의 그 용기를 진심으로 응원해 주었다.

아이마다 발달의 정도가 다르다. 신체적인 성장이 빠를 수도 있고 또래보다 느릴 수도 있다. 내적인 면에서도 아이마다 차이가 있기 마련이다. 특히 학습적인 면에서 발달 속도가 좀 느리더라도 엄마는 조급해하면 안 된다. 느린 아이에게는 좀 더 여유로운 엄마의 태도가 필요하다. 아이를 위해 필요한 것은 상이 아니라 목표를 이루기 위해 하루하루 노력을 기울이는 것이다.

신나는 아이 마음, 맞장구쳐 주기

초등학교에 들어가면서 결국 첫 번째 난관에 부딪혔다. 그것은 바로 받아쓰기! 고작 10개의 문장을 외워서 시험을 보는데 그걸 그렇게 힘들어했다. 밤늦게까지 공부를 시키고 또 시켜서 보냈는데도 한 학기 동안 단 한 번도 100점을 맞지 못했다. 개구지고 덤벙거리는 남자아이라 실수를 좀 했을 거라고, 엄마인 나 스스로 위안을 삼았다.

받아쓰기에 목메던 1~2학년이 지나고, 3학년이 되었다. 막내가 다니던 학교는 3학년이 되면 '수학 경시 대회'를 열었는데, 교과서보다 좀 더 난이도가 높은 문제를 내어 아이들의 실력을 겨루는 대회였다. 내 아이가 몇 문제 틀렸나, 누가 1, 2, 3등을 하나 신경을 곤두세우는 부모들도 많았다. 수학 경시 대회를 준비하는 학원이 있을 정도로 열성이 대단했다. 나도 나름대로 열심히 아이에게 수학 공부를 시켰다.

시험 보는 날, 아이가 몇 점을 받아 올까? 우리 아이의 수학 실력은 어느 정도일까?' 궁금했다. 기대 반, 걱정 반으로 아이가 학교에서 돌아오기를 기다렸는데, 여느 때처럼 해맑은 모습으로 아이가 돌아왔다. 아이에게 하면 안 되는 말이라고 생각하고는 있었지만, 너무 궁금한 나머지 참지 못하고 이렇게 묻고 말았다.

"너 오늘 수학 점수 몇 점 받았니?"

아이가 아주 큰 소리로 씩씩하게 대답했다.

"엄마, 내 수학 점수가 바로 배스킨라빈스 써리 원!! 이예요."

'배스킨라빈스 써리 원' 즉 '31점'을 받았다는 소리였다. 심지어 행복한 표정에 흥분된 목소리였다.

"31점인데 뭐가 그렇게 신나니?"
"내가 좋아하는 아이스크림하고 같은 점수잖아요."

어이가 없었지만 혼낼 수가 없었다. 31점을 받고도 신이 난 아이의 마음을 지켜주고 싶었다. 아이의 기발한 생각에 수학 점수보다 더 높은 점수를 주고 싶었다.

숫자로 표시되는 어떤 점수보다 아이의 천진난만하고 창의적인 생각이 더 가치 있는 것이 아닐까.

극복하도록 기다려 주기

막내는 초등학교 5학년이 되자 웬만한 수준의 연주를 할 수 있게 되었다. 트롬본은 워낙 어린아이들이 하기에는 힘든 악기이고, 주변에 그 악기를 하는 초등학생이 거의 없었기 때문에 이 정도면 꽤 잘하는 편이라는 자신감도 생겼다. 마침 구립 청소년 오케스트라 오디션이 있었고, 당당히 합격했다. 그런데 그때부터가 문제였다.

구립 오케스트라는 초등학교 오케스트라와는 비교도 안 될 만큼 수준이 높았다. 아마추어라고는 하나 프로 이상의 수준을 가진 중·고등학생이 대부분이었다. 거기서 초등학생이라고 해서 특별 대우를 해 주거나 실수를 눈감아 주는 일은 없었다. 합주라는 것은 한 명이라도 실수하면 안 되니까. 그곳에서 막내의 인생에 또 다른 시련이 시작되었다.

구립 청소년 오케스트라의 지휘자 선생님은 작은 실수도 용납하지 않았다. 수 십 대의 악기가 합주하다가 누가 하나라도 작은 실수를 하면 「베토벤 바이러스」의 '강마에'처럼 혹독하게 "다시. 다시!"를 반복했다.

자신의 실수 때문에 연주가 멈추고 모든 사람이 다시 처음부터 시작해야 할 때의 미안함, 자꾸 틀려서 혼자만 밖으로 쫓겨났을 때의 수치심, 어린 나이에 이런 것을 이겨내기가 얼마나 힘들었을까. 아이는 이 시기에 사회성뿐만 아니라, 혹독한 연습 시간을 버텨 내는 정신력을 기르고, 한마디를 연주하기 위해 오랜 시간을 기다려야 하는 인내심까지 배우게 되었다. 아이 혼자만이 이겨내고 극복해야 하는 순간들이 있다. 엄마인 나는 멀리서 그저 아이를 기다려 주는 시간이었다.

아이가 마음에 안들어 하거나 싫증을 낸다 싶으면 학원이나 공부 방식을 쉽사리 바꾸는 분들도 있다. 엄마가 아이를 기다려 주는 시간에도 아이는 성장한다. 그 시간을 기다리지 못해서 아이가 성장하는 시간을 빼앗으면 안 된다.

아이들과 대화할 시간 만들기

우리 부부는 아이들이 한창 초등학교에 다니던 때 식당을 시작했다. 가게 일을 마치는 시간은 매일 밤 10시 무렵이었다. 가게 문을 닫기가 무섭게 나는 아이를 데리러 갔다. 종일 일을 하고 너무나 피곤했지만, 아이를 데리러 가는 그 시간은 즐겁고 소중했다. 거의 매일 학교로, 학원으로 아이들을 데리러 다녔고, 밤 12시가 다 되어서야 아이들과 집으로 돌아왔다. 아이가 셋이다 보니 주말에도 여전히 아이들 픽업을 계속했고, 나의 로드 매니저 역할은 수년간 계속되었다.

미술 대학에 진학하고 싶었던 큰아이는 홍대 앞 학원에 다녔다. 비가 오나 눈이 오나 한 시간이 넘는 먼 길을 거의 매일 오갔다. 외고를 다니던 둘째 아이는 야간 자율 학습을 하고 밤 10시가 넘어야 끝났다. 집에 와서도 또 밤늦게까지 공부하는 아이를 위해 집에 오는 시간만큼이라도 편하게 쉬도록 해 주고 싶었다. 음악을 전공한 막내는 10kg이 넘는 무거운 악기 때문에 데리러 가야 했다. 날씨가 안좋은 날, 아이가 아플 때, 또 중요한 연주나 대회가 있을때, 나는 열일을 제치고 열심히 아이들을 데리러 오가는 수고를 자처했다.

"다른 집 아이들은 혼자서 알아서 잘 귀가하는데 너무 유난스러운 거 아니야? 그렇게 과잉보호하면 아이들이 너무 나약해져서 안 돼."

남편은 그런 나를 못마땅해 했다. 낮에는 식당에서 일을 하고 밤이 되어서야 귀가하는 아이들을 보는데, 시간을 따로 내서 아이들과 이야기를 하는 것은 쉽지 않았다. 하지만 내가 아이들을 데리러 간다며 고집을 부리는 이유는 따로 있었다. 바로 아이들과 대화하는 시간을 벌려는 것이었다. 차로 이동하며 아이들과 수시로 대화했다. 온종일 학교로, 학원으로 시달린 아이들은 얼마나 피곤할까? 그런 시간에 엄마가 나타나면 아이들이 너무 반가워했다.

차를 타고 오는 시간 내내 아이들과 두런두런 이야기를

나누었다. 하루 종일 못했던 수다를 집으로 돌아오는 짧은 시간에 다 쏟아 내었다. 차 안이라는 좁은 공간에 아이와 나란히 앉아서 하는 대화는 거리감도 없애 주고, 더욱 친밀하게 대화할 수 있는 분위기를 만들어 주었다.

"오늘은 저녁에 뭐 먹었어?"
"힘들지는 않았니?"
"짜증 나게 하는 친구는 없었어?"

엄마의 계속되는 질문 공세에도 아이들은 귀찮아하지 않고 수다를 떠르라고 정신이 없었다. 신났던 일, 힘들었던 일, 짜증 났던 일, 공부와 상관없는 별의별 일까지 이야기해 주었다. 일과를 보고라도 하듯, 하루 만에 보는 엄마에게 어리광이라도 부리듯 이야기보따리를 풀어 놓았다.

"어머나 웬일이니?"
"대박!"

나는 맞장구도 쳐 주고 감탄사를 연발하며 아이들만의 언어도 섞어 가며 마치 친구와 대화하듯 아이들과의 이야기를 이어갔다. 아이들과 나누는 대화는 수다로만 그치는 것이 아니었다. 이야기가 무르익으면, 아이들은 자연스럽게 공부에 대한 고민이나 진로 이야기를 꺼냈다.

"이번 모의고사에서 수학 성적이 안 나와서 고민이에요. 공부법을 바꿔봐야겠어요."
"엄마, 난 디자인 말고 공예를 전공하는 게 나한테 더 잘 맞을 거 같아요."
"엄마, 나는 아무래도 타고난 음악성은 부족한 거 같아요. 남들보다 잘하려면 더 많은 연습이 필요해요."

아이들과의 차 안에서 나누는 수다는 어느새 진지한 진로 고민으로 이어졌고 인생 설계를 의논하는 시간이 되고 있었다.

"오늘 입맛이 없어 저녁을 안 먹었어요."

아이가 이런 말을 하면 나는 '혹시 어디 아픈 데가 있는 것은 아닐까?' 하고 생각했다.

"엄마, 오늘 너무 피곤해."

이런 말을 하면 '오늘 아이가 스트레스를 많이 받았구나. 푹 자라고 해야겠다.'라고 생각했다.

나는 모든 감각을 열어 놓고 아이와 대화하려 노력했다. 아이들이 던지는 한마디라도 놓치지 않고 아이가 말하는 내면의 고민을 찾으려고 했다. 이렇게 아이의 마음을 알아 주는 대화는 아이에게 부담이 아니라 '공감'으로 느껴질 것이다. 엄마의 진심 어린 관심은 곧 아이에게 사랑으로 전달되었으리라.

아이들은 엄마와 평상시에 나누었던 대화를 통해 진로와 입시 고민뿐만 아니라 슬럼프도 어렵지 않게 넘길 수 있었다고 했다.

입시 노하우

3

~~~~~~~~

자녀의 진로를 어떻게 결정할까?

자신만의 방식을 찾아가기

큰아이가 미술을 전공하고 싶다는 말을 처음으로 한 것은 초등학교 6학년이 끝나갈 때쯤이었다. 아이가 아직 어려서 진로에 대한 생각을 전혀 하지 않았던 터라 우리 부부는 좀 당황했다. 오른손이 불편했던 큰아이가 미술을 전공하겠다는 것은 남들보다 몇 배의 노력이 필요한 힘든 일이 될 것을 알았기에 선뜻 찬성하기도 힘들었다. 그동안 오랜 연습으로 글씨는 오른손으로 자연스럽게 쓸 수 있었지만, 데생을 하거나 붓을 사용하는 섬세한 작업은 왼손으로만 가능한 상황이었다. 그림을 그리는 정밀한 작업을 어설픈 오른손으로 한다는 건 불가능해 보였다. 아이 스스로 정한 진로이긴 했지만 그렇다고 아이 말만 듣고 섣불리 진로를 정할 수 없어 좀 더 신중하게 고민해 보자고 했다.

중학생이 된 이후에도 아이는 미술을 전공하고 싶은 의지가 강했다. 왼손으로 그림 그리는 것이 익숙해질 때까지 연습을 반복했다. 입시 실기시험에서 자리는 임의로 배정된다. 대입이라는 중요한 시험에서는 이젤의 위치나 시야의 각도에 따라 때로는 왼손으로 그림을 그리는 게 불리하기도 하다. 왼손 사용이 불편한 자리가 배정되더라도 그림을 그리는 데 지장이 없으려면 연습을 많이 하는 수밖에 없었다. 아이는 자리 위치까지 염두에 두고 여러 각도에서 데생을 연습했다. 아이는 그렇게 피나는 노력을 하며 자신만의 방식을 찾아갔다.

남들만큼 한다는 것은 남보다 더 노력한다는 뜻이다. 아이는 남들보다 더 잘하기 위해서 몇 배의 노력을 했다. 이런 모습을 지켜보는 엄마의 마음은 애처롭기도 하고 대견하기도 했다. 때로는 아이에게 '힘들면 그만 둘까?'라는 말을 하고 싶기도 했지만 그럴 수가 없었다. 지켜보는 나보다 아이는 더 힘든 시간을 보내고 있다는 것을 알고 있었으니까.

적극적으로 밀어주기

유명한 미술대학교를 들어가려면 내신 성적과 수능 성적이 매우 중요하다. 실기 실력보다는 공부 실력으로 대학교가 정해진다는 말도 있다. 큰아이는 학교 공부도 꽤 잘하는 편이어서 서울대를 목표로 하기로 했다. 그런데 가까운 동네 미술 학원에는 서울대를 준비하는 학생이 몇 명 되지 않았다. 아무래도 경쟁력이 떨어질까 걱정이 되었다. 여기저기 알아본 끝에 홍대 앞에 있는 대형 입시 학원으로 옮기기로 했다. 대형 입시 학원에서는 각 대학에 맞는 입시 경향을 분석해 전문적으로 그림을 가르쳤다. 그 미술 학원에는 서울대를 준비하는 학생만 100명이 넘었고, 건물 전체를 서울대 입시반으로 쓰고 있을 정도였다. 우물 안 개구리였다는 게 실감 났다. 지방에 있는 학생들이 방학이면 올라와 학원 근처에 숙소를 잡고 학원을 다니기도 했다. 큰아이는 그 학원을 만족스러워하며 열심히 그림을 그렸다.

다행히 우리 아이는 지원했던 네 개의 대학교에 모두 합격하는 쾌거를 이루었다. 아이가 다니던 고등학교에는 플래카드가 내걸렸다. 아이는 서울대 미대를 선택했고, 디자인 학부에 들어가서 공예를 전공하게 되었다.

대학 입시는 모두에게 같은 시간이 주어진다. 같은 시간 안에 만족스러운 결과를 내려면, 분야가 무엇이든 아이에게 맞는 학습 방법을 찾도록 힘쓰는 게 효과적일 것이다.

특기를 살려 전공으로 삼기

첫째와 둘째는 연년생으로 어려서부터 친구처럼 항상 붙어 다니며 함께 놀았다. 연년생들은 함께 교육이 가능한 이점이 있다. 첫째 아이가 친구들과 놀 때도 둘째는 언니를 졸졸 따라다니며 꼽사리를 끼곤 했다.

조기 교육을 시킨다며 6살 큰아이에게 영어를 가르칠 때였다. 영어 회화를 배우고 영어로 연극도 하는 수업이었는데, 둘째 아이가 언니와 친구들 사이에 끼어서 공짜로 영어를 배우고 있었다. 그리고 몇 개월 후에 영어 연극 대회가 열린다고 했다. 큰 극장에 모여 각 팀이 준비한 연극을 선보이고, 잘하는 팀에게 상도 주는 그런 대회였다. 연극 연습을 시작하자 구석에서 구경만 하던 둘째 아이가 청강생으로 참여했다. 그런데 언니, 오빠들을 제치고 주인공으로 뽑혔다. 둘째 아이가 영어 발음이 제일 좋았기 때문이었다. 수업료도 안 냈던 터라 다른 엄마들에게 너무 미안했다. 연극 대회는 잘 치러졌고, 우수상도 타게 되었다.

어려서부터 언어 발음이 좋았던 둘째 아이는 교과목 중에서 특히 외국어 영역에 두각을 나타냈다. 외국에 나가서 살아본 적도 없었는데 원어민 같다는 소리를 듣기도 했다. 둘째는 이러한 특기를 살려 외국어 고등학교에 들어갔다. 한국외국어대학교에 진학해서는 프랑스어와 러시아어를 전공하면서 영어, 프랑스어, 러시아어까지 3개 국어를 하게 되었고, 이후 고려대 대학원에 진학해 언어학을 전공했다. 외국어는 하루아침에 잘할 수 있는 것이 아니다. 더구나 한국에서 살면서 외국어를 공부한다는 것은 많은 노력이 필요하다. 오랜 시간 언어가 아이에게 스며들 시간과 성실함이 요구된다.

아이에게 맞는 공부 방법 선택하기

　예체능을 전공하는 다른 아이들과 달리 둘째는 수능과 내신 성적으로 대학에 들어가야 했다. 국어, 영어, 수학 어느 한 과목도 신경을 안 쓸 수가 없었다. 한 문제 차이로도 모의 고사 등급이 바뀌거나 내신 등급이 바뀌기 일쑤다. 한 등급에 따라, 점수 한 점에 따라 지원하는 대학이 달라졌으므로 점수 하나하나에 아주 민감할 수밖에 없었다.

　외국어 고등학교에 들어가서 한 학기를 보낸 아이는 다른 과목에 비해 유독 수학 점수가 잘 나오지 않았다. 기존에 아이가 했던 수학 보충수업을 과감하게 포기하고 새로운 수학 학습 방법을 찾았다.

　여기저기 알아본 결과, 새로운 공부방을 알아냈다. 그곳은 일대일로 아이 수준에 맞춰 가르치고, 그날 주는 과제를 다 끝내고 돌아가는 것이 목표인 곳이었다. 지금까지 아이가 했던 공부 방법보다 더 치열함을 요구하는 그런 곳이었다.

공부는 엉덩이 힘으로 한다는 말이 있다. 아이와 함께 고민 끝에 공부 방법을 바꿔 보았다. 오답 노트를 만들어 정리하고, 과제로 주어지는 문제뿐만 아니라 아이는 매일 50문제씩 풀기로 목표를 세웠다. 아이의 책상 위에는 매일 지우개 가루가 수북하고, 오답 노트는 수십 권이 되어 쌓여 갔다. 아이는 아무리 피곤해도 그날의 목표를 다 풀어야만 잠을 잤다. 한 학기가 지날 무렵, 아이의 모의 고사 점수가 드디어 3등급에서 1등급으로 바뀌었다. 그리고 그 이후로 쭉 1등급을 유지할 수 있었다.

주변 엄마들은 "어떻게 성적이 올랐느냐? 어느 학원에 다니느냐? 족집게 과외를 한 것 아니냐?" 하고 내게 물어왔다. 어느 학원에 다니냐, 어떤 과외를 받느냐가 중요한 게 아니다. 남들이 잘한다고 내 아이에게 같은 공부 방법을 적용하면 안 된다. 아이의 성향과 공부 방식에 맞는 효과적인 공부 방법을 찾아야 한다. 계획을 세우고 성실하게 수행하는 방법이 둘째 아이의 성향에 잘 맞았던 것이다.

진로를 정하는 시기는 중 2

중학생이 되어 자신의 진로를 탐색하면서 막내는 한편으로 음악을 계속했다. 동네 학원에 다니기도 했지만 크게 공부에 재능은 없어 보였다. 그러던 중에 예중 편입 시험이 있었다. 어려서부터 꾸준히 악기를 불었더니 이제 어느 정도 수준 높은 실력자가 되어 있었다. 언제 편입 시험을 봐도 가능할 정도로 준비되어 있었다. 중요한 것은 아이의 마음이었다.

아이는 음악을 좋아했다. 본인이 예중에 들어가서 본격적으로 음악을 공부해 보겠다고 마음을 굳혔다. 이미 누나들이 진로를 정하고 입시를 치르는 것을 어려서부터 본 막내는 일찍부터 자신의 진로를 고민하는 모습이었다. 예중 편입 시험을 무난히 통과했다. 막내는 중2 때 음악으로 자신의 진로를 정했다. 힘든 시간을 견디고, 예술 중학교를 거쳐 예술 고등학교에 진학해 음악가의 길로 한 걸음씩 나아갔다.

막내가 어떻게 일찍부터 음악을 하게 되었냐고 궁금해하는 사람들이 많다. 누나들을 먼저 키워 본 경험이 아이의 진로를 찾는 데 많은 도움이 되었다. 이 아이에게 하기 힘든 공부, 좋아하지도 않는 영어, 수학 공부를 강요하며 대학을 가라고 하는 것은 아이에게 가혹한 일이며 옳지 않다고 생각했다. 그러면 아이가 좋아하는 것, 더 잘할 수 있는 것을 찾아야 했다. 나는 엄마로서 아이가 어려서부터 했던 음악이 아이에게 공부 외에 또 다른 기회가 될 수 있다는 여지를 항상 남겨 두고 있었다.

음악은 본인 스스로 선택한 길이었고, 그 선택은 오랜 시간 동안의 고민과 경험을 통해 얻은 본인의 결정이었다. 그러니 고등학교 시절의 공부가 즐겁지 않을 수 없었다. 입시와 씨름하며 힘들게 고등학교 시절을 보내는 아이들도 많을 텐데, 우리 아이는 스스로 선택한 길을 뚜벅뚜벅 걸어갔다. 자신이 어린 시절 선택했던 트롬본으로 높은 경쟁률을 뚫고 서울대학교 음악 대학에 입학했다.

나는 중학교 때 자신의 진로를 정하면 좋겠다고 생각한다. 어린이에서 청소년기로 넘어가는 시기인 중2는 사춘기를 맞는 상징적인 시기이며, 자아를 찾고 인생의 고민을 시작하는 시기이다. 이때야말로 나의 진로를 탐색하고 정해 나가는 시기가 되어야 한다. 고등학교에 올라가서 어느 대학을 갈까 어떤 전공을 할까 고민하기에는 시간이 여유롭지 못하다. 이미 학교나 주변의 분위기는 입시로 치닫고 있으므로 다양한 진로를 고민하기에 시간이 충분하지 않다고 생각한다.

아이 스스로 진로를 찾아가게 하기

아이들에게 자신의 진로를 알아서 정하라고 하는 것은 어려운 일이다. 그렇다고 엄마가 아이의 진로를 미리 정해 놓고 그길로 가라고 하는 것은 더욱 옳지 않다. 나는 아이들이 더 많은 경험을 하고, 진로를 탐색하여 정말 원하는 일을 스스로 찾길 바란다. 중학교 때 많은 고민을 통해 진로를 정하고 고등학교에 가서는 본인이 원하는 공부에 전념하면 좋겠다. 부모가 정하는 진로가 아니고, 성적에 맞춰 선택한 진로가 아니기를 바란다.

나는 내 아이들이 스스로 진로를 선택하게 도와주었다. 아이들은 초등학교 시절부터 원하는 것을 하고 싶다는 자기주장이 강했고, 무엇을 할지 스스로 고민했다. 그리고 자라면서 경험을 통해 얻은 확신으로 중학교 때부터는 자신의 길을 찾기 시작했고 전공을 정해 나갔다. 현실의 입시 제도에 순응하면서도 그 속에서 자신만의 길을 묵묵히 나아갔다. 아이들이 어려운 입시의 관문을 무난하게 돌파할 수 있었던 것은 스스로 선택한 진로라는 믿음 덕분이다. 힘들거나 슬럼프가 올 때도 있었지만 자신의 선택을 후회하지 않으려고 최선을 다해 나갔다.

나는 아이들에게 "꿈을 가져라."라고 늘 말했다. 그 꿈은 원대한 것이 아니라 소박한 것이었다. 꿈이라기보다는 일종의 계획이었다. 어떤 것이든 아이 스스로 계획을 세우게 했다. 그리고 계획을 실행하는 것을 적극적으로 지지했다. 야단을 치거나 아이의 의견에 간섭하지 않았다. 다만 옳지 않을 때는 왜 그런가에 대해 함께 고민하고 스스로 계획을 수정할 때까지 기다려 주었다. 그러는 동안 아이들은 스스로 자기의 길을 찾으려 노력하는 모습을 보였다.

입시 노하우

4

~~~~~~~~~~

실패할 때 자녀를 어떻게 대할까?

상처를 극복하도록 도와주기

첫째 아이를 출산하는 과정에서 16시간이 넘는 진통을 하며 난산을 겪었다. 갓 태어난 아기는 오른쪽 팔을 축 늘어뜨리고 움직이지 못했다. 의사 선생님은 남편을 불러 청천벽력 같은 말을 했다.

"아기가 태어날 때 문제가 생겼습니다."

무리하게 출산을 유도하는 과정에서 아이의 어깨 신경이 손상되었다는 것이다. 의사는 완치될 수 있다는 말도 하지 않았다. 왜 우리 아기에게 이런 일이 생겼을까? 기가 막히고 너무 화가 났다. 그렇지만 마냥 절망에 빠져 있을 수는 없었다. 우리 부부는 갓난아이를 안고, 우리나라의 유

명하다는 병원과 의사를 사방으로 찾아다녔다. 그렇게 수
년간의 재활과 두 번에 걸친 정형외과적 교정 수술을 받았
다. 아이의 팔은 점차 좋아졌다. 하지만 완벽한 회복은 불
가능했다. 아픈 오른손에 힘이 없어 아이는 후천적 왼손잡
이가 될 수밖에 없었다. 회전 반경도 70~80% 밖에 안 돼
서 양쪽 손을 다 써야 하는 활동을 하기는 힘들었다.

　수영이 도움이 된다는 말에 3살부터 수영을 가르쳤다.
10년 가까이 매일 수영장에 데리고 가서 아이가 운동하는
것을 지켜보았다. 엄마로서 나의 의무라고 생각했다. 그때
는 내가 해 줄 수 있는 것이라곤 아이를 지켜봐 주는 것뿐
이었다. 다행히 아이는 건강하고 밝게 자랐고, 수영 대회에
도 나갔다. 온전하지 않은 팔로 하는 수영이었음에도 교내
수영 대회 때마다 1등을 했다. 교육청 수영 대회에 나가서
금메달을 따기도 했다. 피아노나 플루트 같은 악기도 가르
치고, 스케이트나 스키 같은 다른 운동도 남한테 뒤지지
않을 만큼 열심히 가르쳤다. 불편한 팔 때문에 혹시나 불
이익을 받게 될까 봐, 불편한 오른팔에 대해 어떠한 열등
감도 느끼지 않기를 바라는 마음으로, 더 많은 것을 가르
쳤다.

대학 입시를 대하는 엄마의 자세

아이가 세 명이다 보니 나는 여러 번의 입시를 치른 학부모가 되었다. 세 번의 입시는 기본이고 둘째는 재수까지 했다. 외고 입시, 예고 입시 그리고 대학원 입시에 대기업 입사 시험까지. 그런 의미에서 나의 학부모 이력이 꽤 다채롭다. 합격했을 때의 행복한 기억과 더불어 입시 철이 되면 떠오르는 애틋한 기억도 있다.

첫째 아이가 시험을 보던 해는 유난히 추웠다. 미술을 전공한 아이는 실기 시험을 봐야 했는데, 서울대 정시는 실기 시험을 이틀에 걸쳐서 보았다. 1월 초였는데 그해 날씨도 너무 춥고, 눈도 많이 왔다. 같은 서울이긴 했지만, 우리 집에서 학교까지는 거리가 꽤 멀었다.

시험은 아침 이른 시간부터 있었다. 혹시나 아침에 폭설로 길이 막히면 답이 없었다. 시험 시간에 늦을까 봐 걱정되어 고민 끝에 대학교 근처에 호텔을 얻어 아이와 이틀 동안 거기서 잤다. 내가 보기에도 유난스러운 엄마 같았지만, 왠지 그래야 마음이 놓일 것 같았다.

그날 아침 시험장에 아이를 무사히 들여보내고 안도의 숨을 쉬고 있었다. 그런데 아니나 다를까 시험 시간 안에 도착하지 못하여 시험장에 못 들어가는 아이가 보였다. 시험 보는 건물 문은 이미 굳게 닫혔다. 어떤 위로의 말이 소용이 있었을까. 오늘을 위해 몇 년을 준비했을 텐데 시험을 볼 기회조차 없이 탈락하게 되어 문 앞에서 우는 아이 모습을 보며 안타까움을 금할 수 없었다. 그때 그 아이의 울던 모습이 생각날 때면 지금도 마음이 아프다.

둘째 아이는 수시 논술 시험을 치렀다. 수능 점수가 만족스럽지 못하게 나와서 논술 시험을 꼭 잘 봐야 하는 상황이었다. 수능 시험을 전후해서 대학마다 논술 시험을 치르는 시기가 된다. 주말마다 이 대학 저 대학 논술고사 때문에 대학 주변은 교통이 마비된다. 수시의 기회를 놓칠 수 없다는 생각에 무리하게 여러 대학에 입시 원서를 넣었다. 그런데 공교롭게도 우리 아이가 지원한 두 대학교의 논술 시험 날짜가 겹쳐버렸다. 천만다행으로 오전과 오후로 시험 시간대가 달라서 어느 한군데를 포기하지 않아도 되었다. 그런데 문제가 생겼다.

학교와 학교 간의 거리가 그렇게 멀지는 않았는데, 주말 오후에 대중교통이나 차량으로 이동하기엔 시간이 모자랐다. 하지만 주어진 기회를 그냥 버릴 수는 없었다. 고민 끝에 오토바이 퀵 서비스를 이용하기로 했다. 미리 전화번호를 알아놓고 퀵 아저씨와 단단히 약속했다. (그때 알았는데 입시 철에 아이들을 실어 나르는 전문 업체가 있을 정도였다.)

오전 대학에서 시험을 치르자마자 아이는 생전 처음 보는 낯선 아저씨의 오토바이에 실려 오후에 시험 보는 대학으로 짐짝처럼 배달되었다. 추운 날씨에 신호를 위반해 가며 차량들 사이로 이리저리 곡예 운전하는 오토바이를 탄 아이의 안전은 내 안중에 없었다. 그저 시험 시간 안에 도착해야 한다는 생각뿐이었다. 아이가 시험을 잘 봤을 리가 없었다.

며칠 후 하나의 입시 정보라도 더 얻어 보려고 유명 학원 입시 설명회를 찾아갔다. 그런데 거기서 어느 유명한 입시 전문가가 이렇게 말했다.

"학부모님들, 대학 수시에 붙을 확률보다 아이가 오토바이 퀵을 타고 가다가 교통사고를 당할 확률이 훨씬 높은 거 아세요?"

그제야 정신이 번쩍 들었다. '내가 아이에게 도대체 무슨 짓을 한 거야?', '정말 사고라도 났으면 어쩔 뻔했을까?' 나는 너무 부끄러워 고개를 들 수가 없었다. 아이에게 너무 미안한 마음이 들었다. 그해 입시는 실패했다. 아이는 다음 해에 다시 입시를 치러야 했다. 어찌 보면 예견된 결과였을 수 있다. 진심으로 아이를 위하는 것이 무엇인가 다시 생각하게 되는 계기가 되었다.

막내가 서울대 음대 입시를 보던 날은 하필이면 친정 조카의 결혼식 날이었다. 그렇다고 아이를 시험장에 혼자 들여보낼 수 없었다. 실기 시험은 컨디션 조절이 너무 중요했기 때문에 엄마가 챙겨줄 것이 한둘이 아니었다. 아이가 시험장에 들어갈 때까지 배웅해 주고, 시험이 끝날 때까지 기다렸다.

하지만 친정 동생은 나와 입장이 달랐다. 엄마가 돌아가신 후로는 나와 내 동생 달랑 둘뿐이었다. 동생에게는 첫 아이의 결혼식이었고, 친정집에서 내가 가장 어른이다. 조카의 결혼식에 손윗 고모인 내가 불참한다는 것은 있을 수 없는 일이었다.

다행히 실기 시험 순서가 빨리 끝났다. 시험을 끝내고 나오는 아이를 차에 태우고 시험을 잘 봤냐고 물을 틈도 없이 결혼식장으로 내달렸다. 서울대에서 남양주에 있는 결혼식장까지 꽤 먼 거리를 쉬지 않고 달려갔다. 주차장에 도착해 미리 준비한 한복을 차 안에서 갈아입고 후다닥 결혼식장으로 뛰어 올라갔다. 결혼식은 이미 시작되었고 결국 신랑·신부의 입장 모습은 보지 못했다. 그래도 첫 조카 결혼식에 무사히 참석할 수 있었으니 다행이었다.

운전을 하고 지나가는데 곳곳에 붙어 있는 '입학 설명회', '대입 지원 설명회' 하는 플래카드가 눈에 들어왔다. 매해 수능 시험이 끝나기가 무섭게 결과분석이 쏟아진다. '이번 수능은 불수능이다.', '물수능이다.' 이 계절은 수험생에겐 춥고 쓸쓸하다. 학원가의 교차로에서 신호 대기에 걸려 서 있으려니 횡단 보도를 지나는 학생들이 많다. 아이들의 가방이 무거워서인지, 입시에 대한 마음이 무거워서인지 축 처진 아이들의 어깨가 애처롭다.

재수하는 아이에게 해 준 말

아이 셋이 모두 순탄하게 대학을 들어간 것은 아니었다. 둘째는 평소 모의 고사를 잘 보는 편이었는데 실전에서 원하는 만큼 성적이 나오지 않았다. 수시, 정시 원서를 넣는 대학마다 모두 고배를 마셨다. 혹시 추가 모집에라도 될까 하고 2월까지 기다렸지만 결국 재수를 하게 되었다. 실망한 아이는 의기소침해졌고, 입시에 지친 기색이 역력했다.

1년을 다시 공부하고 입시를 치를 생각을 하니 나부터 기운이 빠지고 힘들었다. 큰아이에 이어서 둘째까지 2년을 연속으로 대학 입시를 치렀는데 다시 또 그 힘든 과정을 반복해야 하다니, 맥이 빠졌다. 하지만 그럴 때가 아니었다. 어떻게든 나를 먼저 추스르고 마음을 다잡아야 했다. 내가 힘을 내야 아이도 힘을 낼 테니까.

입시 발표가 끝나자마자 곧바로 재수 학원에 등록을 했다. 가혹하지만 아이가 절망에 빠져있게 놔둘 여유가 없었다. 나의 마음은 안타까움, 속상함, 절망으로 엉망이 되어 있었지만, 태연하게 아무렇지도 않은 것처럼 아이에게 말했다.

"긴 인생에서 일 년, 그건 별거 아니야. 분명 재수하는 동안 네가 배우는 또 다른 값진 것이 있을 거야."

둘째 아이는 일 년간의 재수를 거쳐 다음 해에 대학에 들어갔다. 대학생이 된 어느 날, 나는 둘째에게 재수해서 대학에 들어가니 다른 친구들과 다른 점이 있냐고 물어봤다. 아이는 친구들보다 일 년의 시간을 더 썼기 때문에 시간을 낭비하면 안 되겠다는 생각이 들어 더 열심히 공부하게 된다고 했다. 재수하는 동안 동병상련의 시간을 함께 보내며 깊은 우정을 쌓은 친구들을 얻었다고도 했다.

안 될 거라고 생각하지 않기

아이들이 힘들 때에도 아이들이 실패를 했을 때에도 안 될 거란 생각은 해 본 적이 없다. 걱정하지도 않았다. 잘될 거라는 믿음으로 나도 아이들도 지켜 왔다. 돌이켜보니 나의 어머니도, 나의 할머니도 나에게 언제나 그러셨다. 내가 어렸을 때도, 항상 긍정적으로 나를 믿어 주고, 내가 한 선택을 지지해 주셨다. 진로를 정할 때도, 대학을 갈 때도, 내가 안 될 거란 생각을 한 번도 안 하셨다. 내가 결혼할 때도, 아이를 낳아 기를 때도 어떤 일이든 항상 잘 해낼 거라고 믿고 계셨다.

그러고 보니 이런 사고방식은 나의 어머니, 할머니로부터 온 유전인 듯하다. 생물학적인 것만 유전되는 것은 아니다. 사고방식도 유전이 된 듯하다. 나의 부모님으로부터 나에게 전해진 사고방식이 나의 아이들에게도 전해질 것이라 믿는다.

다시 돌이켜보면 우리 아이들 입시의 성공 비결은 항상 긍정적으로 생각하려고 노력했다는 점이다. 나는 늘 담대하려고 애썼고, 아이들의 실패를 두려워하지도 겁내지도 않았다. 사실 마음 깊은 곳에 불안은 항상 있었다. 하지만 시험을 망쳐도, 성적이 안 나와도 그 속상하고 안타까운 마음을 아이들에게 한 번도 내색하지 않았다.

아이들은 잘될 거라는, 못해도 괜찮다는 엄마의 확신에 찬 모습에서 용기를 얻고, 안심했으리라. 아이가 불안해하면 나는 더 강한 엄마가 되려고 했다. 엄마의 강한 믿음이 아이들을 흔들리지 않게 하는 원동력이 됐다고 생각한다.

아이는 엄마의 확고한 믿음을 먹고 자란다. 그 믿음은 뿌리가 되고 자양분이 되어 아이는 시련에도 흔들리지 않으며, 자존감 있는 성인으로 자란다.

제2부

대학만 보내면 끝인 줄 알았는데

나는 아이들의 입시를 인생 최대 목표로 삼고 살았고.
아이들을 대학에 보내면 끝이라고 생각했다. 그러나
대학 이후에도 아이들에게는 끝없이 펼쳐지는 미래와
계속 이어지는 새로운 세상이 기다리고 있다.
길고 긴 나의 노후가 기다리고 있다는 사실을
뒤늦게 깨달았다.

대학을 졸업하고 취업에 성공하다

　아이들 셋 모두 좋은 대학에 들어갔다는 것만으로 다른 엄마들은 나를 매우 부러워했다. 아이들이 대학만 들어가면 모든 인생의 목표를 달성한 것이라는 착각을 하게 된다. 나도 그랬다. 대학 합격과 동시에 입시생 엄마의 근심은 끝난 줄 알았었는데, 몇 년 지나지 않아 다시 취준생 엄마라는 큰 고충이 기다리고 있었다. 대학 졸업이 끝이 아니었다. 또 다른 새로운 세상으로의 시작이었다. 이제 겨우 하나의 관문을 통과했을 뿐이었다.

　대학 생활을 하는 아이들을 보니 내가 대학생이었을 때와는 다르게 대학의 자유와 낭만을 즐기는 것은 옛말이 되어 버린 듯하다. 아이들은 대학을 쉽게 떠나지 못한다. 워낙 취업이 힘들어서 그럴 수도 있고, 세상으로 나가는 것이 두렵다는 게 이유일 수도 있다. 취업 준비를 위해 휴학도 많이 한다. 우리 아이들도 이런저런 이유로 휴학을 하기도 했다.

아이들이 취업을 준비할 때 나는 별 도움이 되지 못했다. 나는 대학 졸업과 동시에 결혼해서 주부로만 살아왔기에 취업에 도전한 경험이 없다. 엄마인 내가 아이에게 해 줄 수 있는 것은 면접에 입고 갈 옷을 깔끔하게 다려 주는 일뿐이었다.

첫째 아이는 대학 졸업을 하기도 전에 취업 준비에 열심이었다. 취업 공고가 나면 지원서를 쓰고, 입사 시험을 준비했다. 서류 전형에 붙으면 필기시험을 치러야 했고, 필기시험에 붙으면 면접을 봐야 했다. 애초 서류 전형에서 떨어진 적도 있고, 최종 면접까지 갔는데 아깝게 실패를 맛보기도 했다. 몇 번의 고배를 마신 끝에 유명 기업 패션 디자이너로 취직했다. '패션 디자이너'라니 꿈만 같았다. 나는 내가 디자이너가 된 듯, 못다 이룬 내 꿈을 이룬 것처럼 기뻤다. 아침마다 출근하는 모습이 대견스러워, 딸의 모습이 사라질 때까지 베란다에서 손을 흔들어 주었다. 아이 회사가 있는 청담동 대로를 지날 때면 멋진 회사 건물을 몇 번씩 쳐다보며 혼자 뿌듯해했다.

문과생인 둘째는 첫째보다도 더 취업의 문턱이 높았다.

4년 동안 학업 평점이 4.5로 아주 우수했지만, 그것만으로 취업하기는 하늘의 별 따기였다. 아이는 고민 끝에 대학원에 진학했다. 대학원에서 언어학을 전공하며 본인의 역량을 더 쌓고 싶다고 했다. 하지만 대학원을 졸업한다고 해서 문과생의 취업 문턱이 더 낮아지지는 않았다. 원하는 직장이 있어도 원하는 직무는 문과생을 뽑지 않는 경우도 있었다. 취업하고 싶어도 지원할 회사가 없는 상황이 되었다. 몇 차례 실패하며 한 학기 가까이 취준생 시절을 보내다가, 치열한 경쟁을 뚫고 드디어 우리나라 4대 은행 중 한 곳에 합격했다.

입사 성적이 우수했던 아이 덕분에 회사 홍보팀이 집까지 취재를 오기도 했다. 어린 시절 사진도 찍고 우리 부부 인터뷰도 했다. 아이 덕분에 새로운 경험을 하게 되어 자랑스럽고 감격스러웠다. 그동안 성실하게 열심히 공부했던 결과인 것 같아 대견하여 가슴이 벅찼다.

아이가 취직했다는 건, 대학에 합격할 때의 기쁨과는 또 다른 종류의 기쁨이었다. 문득 아이가 초등학교에 입학하던 때가 생각났다. 그때 나는 "선생님 말씀 잘 들어라, 친구들과 사이좋게 지내라."라는 둥 잔소리 같은 충고를 하며 마치 내가 초등학교에 입학하는 것처럼 아이보다 더 설레었다. 회사에 입사하여 첫 출근을 하는 날도 나는 아이

만큼 설레었다. 이렇게 두 딸아이 덕분에 나는 좋은 대학을 보낸 엄마에 이어 아이들을 좋은 직장에 취직시킨 엄마가 되는 영광을 얻게 되었다.

아이들이 취업하자, 이제는 등록금 걱정이 사라졌다. 용돈을 주지 않아도 되었다. 경제적 독립이야말로 부모로부터 완전한 독립을 하는 것이다. 이제는 아이들 스스로 세상을 살 수 있을 만큼 완전한 성인이 되었다고 생각했다. 아이들이 취업을 할 때, 언젠가 퇴사를 할 수도 있다는 생각을 미처 하지 못했다.

취업을 하며 엄마 곁을 떠나다

직장에 다니기 시작하면서 아이들이 "독립하고 싶다."는 말을 꺼냈다. 대학교 다닐 때도 큰아이는 너무 바빠 집에 올 시간이 없다며 작업실에서 몇 주간 오지 않을 때가 가끔 있었다. 둘째는 교환학생으로 일 년 동안 외국에 나가서 공부하기도 했다. 집이 아닌 곳에서 잠깐 지낸 적은 있을 뿐 완벽한 독립은 아니었다. 그런데 이제 딸 둘이 모두 독립을 하겠다고 선언을 했다.

장성한 자녀가 분가하는 것은 당연한 일임에도 막상 그 말을 듣는 순간 당황했다. 아이들에게 혼자 사는 것에 대한 로망이 있었을 수도 있다. 그래도 직장이 지방이거나 어쩔 수 없는 상황도 아닌데 여자애가 나가 산다는 게 탐탁지만은 않았다. 나는 그때까지 아이들과 따로 살 거라고는 한 번도 생각하지 못했다. 옛날의 나처럼 '결혼이나 해야 집을 떠나겠구나.'라고 생각했다. 예상치 못한 아이의 독립 선언을 받아들이는 데는 마음의 준비가 필요했다.

우리 집과 직장의 중간쯤 되는 위치에 큰아이가 오피스텔을 얻었다. 부모 도움 없이 본인 힘으로 처음부터 시작해 보겠다며, 청년 대출 같은 싼 이자의 대출로 보증금을 마련해 집을 얻었다. 큰아이가 먼저 분가했고, 다음 해에 둘째도 자기 힘으로 집을 마련해 분가했다. 따로따로 각자의 보금자리를 찾아 떠나갔다. 걱정과 아쉬움을 뒤로한 채, 나는 그런 아이들을 덤덤하게 지켜보았다.

시끌벅적하던 집 안이 조용해졌다. 아침마다 머리 감고, 먼저 씻느라고 줄 서던 화장실도 한가했다. 다섯 식구로 북적대던 식탁도 의자가 두 개나 남았다. 아직 대학생인 막내가 우리 부부 곁에 남아 있지만, 여자애들처럼 말수가 많은 게 아니라서 집은 고요하기만 했다. 자식들이 모두 떠나가면 느끼는 허전함을 빈둥지증후군이라고 했던가? 이런 적막함 속에서 느끼는 공허함과 외로움이 그 증후군의 증세가 아닐까?

나는 곧 마음을 바꿨다. 아이들의 뜻을 존중하고, 아이들의 분가를 적극 지지하기로! 새들도 새끼들이 다 크면 날아가라고 강제로 둥지에서 밀어낸다. 자식을 키워서 완전한 성인으로 독립시키는 게 교육의 궁극적 목표가 아닐까?
완벽하게 독립된 인간으로 성장해가는 아이들을 응원하는
것이 당연하다고 생각했다.

엄마가 밀어내지 않아도 스스로 때를 알고 날갯짓해 나
가는 아이들을 보며 불안함보다 믿음과 안도의 마음이 들
었다. 다 자라 주었구나. 이제 비로소 부모로부터 완전한
독립을 하는구나!

대기업을 박차고 나오다

꿈을 찾아 퇴사한다는 젊은이들이 많다는 이야기를 들었지만, 그게 내 아이의 이야기가 될 줄은 정말 몰랐다. 두 딸이 대기업에 취직했고 경제적인 독립도 이루었으니 이제 나는 아무 걱정이 없다고 생각했다. 이런 행복한 착각은 그리 오래가지 못했다.

큰아이는 몇 년간 회사를 잘 다녔다. 회사 생활도 재밌게 하고, 능력도 인정받았다. 그런데 어느 날 갑자기 퇴사를 하겠다고 했다. 퇴사를 결심한 이유는 이랬다.

"직장을 다니다 보니 관심 가는 분야가 생겼고, 그 공부를 다시 해야겠다는 생각이 들었어요."

무엇보다 자신만의 전문성을 쌓고 싶었다고 했다. 직업 수명을 자신이 아닌 회사가 정하는 것이 마음에 들지 않다는 것도 퇴사하고 싶은 큰 이유 중 하나라고 했다. 그러면서 의류직물학과 대학원에 진학해서 3D프린팅을 공부하겠다고 했다. 미술대 출신이지만 패션 회사의 직무 경험을 인정받아 서울대 대학원 의류직물학과에 진학할 수 있었다. 평소 컴퓨터를 잘 다루는 능력과 디자인을 잘하는 미술 실력을 살린 선택이었다.

얼마 후, 둘째 아이도 퇴사를 결정했다. 사람들이 부러워하는 그 좋은 직장을 그만두겠다는 것이다. 도대체 이유가 뭘까? 아이가 말했다.

"높은 연봉이나 안정된 직장보다 더 우선되어야 하는 게 나의 적성과 맞는 직무라고 생각해요."

둘째 아이는 입사할 때 지원했던 분야와는 다르게 모두에게 같은 직무를 시키는 점이 가장 안 맞는다고 했다. 게다가 새벽같이 출근해서 밤늦게 퇴근하고, 상하 관계가 극명한 회사에서 자기 발전은 어려울 것 같아서 퇴사를 결정했단다. 얼마 후 둘째는 플랫폼과 관련된 중소기업에 들어갔다. 지금은 거기서 대학원에서 전공했던 전산 언어와 연

관련 데이터 분석 업무를 하고 있다. 새로운 회사는 6시 칼퇴근이 가능하며, 자신이 희망하는 워라밸이 되는 것 같아 만족스럽다고 한다. 퇴근 이후의 시간에는 자기 계발을 위한 공부도 하고, 운동을 하기도 한단다.

퇴사를 한다는 것은 취업을 하는 것 이상으로 힘든 일일 것이다. 원치 않는 직장을 다닐 것인가 아니면 자신의 꿈을 위해 살 것인가 하는 문제로 오랜 시간 갈등하게 될지도 모른다. 나는 아이들의 선택을 존중한다. 아이들은 스스로 인생을 선택하며, 새로운 도전을 하고, 그런 경험을 통해 성장할 것이기 때문이다.

음악가가 아닌 길을 선택한 막내

요즘도 활발하게 활동하는 음악가 지인이 있다. 그분의 아이 또한 어려서부터 음악적인 재능이 있었다. 엄마를 따라 너무나 자연스럽게 아이도 음악을 하게 되었고 음대에 진학했다. 대학에 가서 체육 동아리에 가입했다. 그런데 여기서 재미있는 일이 벌어진다. 아이가 운동을 너무 잘하고, 너무 재미있어하는 게 아닌가! 처음으로 느껴보지 못한 행복감을 느낀다며 이렇게 말했다고 한다.

"엄마, 난 전공을 바꾸고 싶어요. 운동이 이렇게 재미있는 건지, 내가 이렇게 운동에 소질이 있는지 이제야 알았어요."

아이의 부모는 스스로 원하는 길을 찾은 아이를 반대할 수 없었다.

"우리 애가 저렇게 운동에 소질이 있는 아이인지 전혀 몰랐어요."

학교 다니랴, 악기 연습하랴 바빴던 아이였기에 한 번도 실컷 뛰고 달리는 기회를 가졌던 적이 없어서 운동에 소질이 있는지도 몰랐던 것이다. 결국 아이는 음악에서 체육 관련 전공으로 전과를 했다. 다른 친구들보다 늦게 새로운 전공을 시작했지만, 차근차근 자신의 길을 찾아가는 중이다.

그런데 음악을 전공한 우리 막내도 자기는 음악가의 길을 가지 않겠다고 하는 게 아닌가. 음악을 좋아하지만, 악기를 연주하는 연주가가 되는 게 꿈은 아니라고 했다. 음악과 관련된 더 창의적인 일을 하고 싶단다. 누나들의 영향을 받은 면도 있는 것 같다. 막내는 어려서부터 입시를 치르는 누나들을 보며 다른 아이들보다 일찍 자신의 진로를 생각했다. 대학을 다니는 동안에도 취업을 위해 고군분투하는 누나들을 보며 일찌감치 앞으로의 진로와 직업을 고민하기 시작했다.

연합 전공으로 미디어아트를 선택했고, 음악을 전공한

자신만의 강점과 창의적인 것을 좋아하는 자신의 특성을 살려서 미디어라는 매체로 표현하는 일을 해 보고 싶다고 했다. 요즘은 자기와 뜻이 맞는 친구들과 영상 동아리도 만들어 활발히 활동하고 있다.

  전공한 것이 직업이 되면 좋겠지만 누구나 그런 것은 아니다. 새로운 직업을 가진다고 그것이 틀렸다고 할 수 없다. 아이들에게 다가올 미래에 어떤 것이 새로 생기고 어떤 직업이 사라질지 현재의 우리는 상상하기 힘들다. 어떻게 변화할지 모르는 미래를 위해 아이들의 다양성과 새로운 도전을 긍정적으로 받아들이는 게 낫다.

대학만 보내면 끝인 줄 알았는데

　아이를 가르칠 때의 나의 기준은 확고했다. '공부를 잘하는가?'가 아니라 '아이가 즐거운가?, 아이가 행복한가?'였다. 그러면서 일찌감치 아이의 재능을 찾으려 노력했다. 엄마니까 과학자나 미래학자와는 다른 통찰력으로 내 아이들의 미래를 보고 싶었다. 미래의 직업은 다양하게 바뀌겠지만 자신이 좋아하는 일, 즐거운 일을 하는 것이 궁극적으로 아이가 행복해지는 길이라고 생각했다.

　내 아이가 좋아하는 일은 무엇일까?
　잘할 수 있는 일은 무엇일까?
　즐길 수 있는 일은 무엇일까?
　내 아이의 미래가 행복해지려면 엄마인 나는 아이를 위해 어

떻게 해야 할까?

  늘 이런 고민을 했다. 엄마는 아이를 가장 잘 아는 사람이자, 인생을 먼저 살아온 선배니까 엄마의 경험으로 아이가 잘할 수 있는 일, 좋아하는 일, 즐거운 일을 찾는 데 도움을 주고 싶었다. '우리 아이는 어떤 분야에 소질이 있을까?', '어떤 전공이 아이와 잘 맞을까?' 고민하며 아이들을 지켜봤다. 작은 관심이나 행동도 혹시 모를 아이의 소질과 관련이 있을까 하는 마음으로 허투루 넘기지 않았다. 공부는 물론, 음악, 미술, 체육 등 가능한 최대한 다양한 경험을 하게 했고, 그런 경험 속에서 자기만의 적성을 찾을 수 있게 도와주었다.

  아이가 싫어하면 강요하지 않았다. 항상 아이의 의견을 존중하고, 아이의 선택을 존중해 주었다. 아이가 최선의 선택을 했다고 판단되면 나는 적극적으로 아이를 지원해 주었다. 스스로 선택한 길이어서 아이는 더 책임감 있게 공부했다. 그래서 세 아이는 각자 자기 적성을 찾았고, 지금도 꾸준히 자기를 알아가려고 노력 중이다.

  대학만 보내면 끝인 줄 알았는데, SKY도 아이들의 미래를 보장해 주지 않는 시대가 되었다. 아이들은 그들의 방식으로 자신만의 삶을 살아가려고 한다. 아이들이 선택한 그들의 미래는 이제 아이들의 몫이다. 세상이 변하는 것에 맞추어 당연히 직업의식도, 취업의 트렌드도 변하기 마련이다. 아이들이 사는 앞으로의 세상은 얼마나 많은 변화와 발전을 할지 지금의 나로서는 예측하기조차 버겁다. 앞으로 아이들은 더 많고 다양한 직업을 선택하고 바꾸며 살 것이다. 젊은 감각으로 변화하는 세상에 발맞추어 가는, 아니 시대를 앞서가는 아이들이 되기를 바란다.

　나는 아이들의 미래를 적극 지지한다. 그리고 나의 아이들이 지금까지 해 왔던 것처럼 그들의 길을 잘 찾아가리라 믿어 의심치 않는다. 아이들이 세운 계획을 이루어 가는 것을 기꺼이 응원하며 지지해 줄 것이다. 누구보다도 진심 어린 엄마의 지지와 응원이 아이에게 가장 큰 힘이 될 것이라고 확신하기 때문이다.

설마 저희가 엄마의 노후대책은 아니겠지요?

세 아이가 모두 성인이 됐지만 여전히 극성 엄마 노릇을 하며 열심히 자식을 돌보던 어느 날, 대학생이 된 아들과 노후를 주제로 이런저런 이야기를 나누던 중 아이가 문득 이렇게 말했다.

"그런데 엄마, 설마 저희를 노후대책으로 여기시는 건 아니시겠죠?"

아이는 웃으면서 농담처럼 얘기했지만, 상상하지도 못했던 아이의 맹랑한 발언에 적잖이 놀랐다. 순간 망치로 머리를 세게 맞은 것 같았다. 솔직히 섭섭함이 먼저 스쳐갔다. 마음을 가다듬고 아이의 말을 되새겨 보았다. 그러던 중 세 아이를 키우느라 정신이 없던 시절 친구가 내게 한 말이 떠올랐다.

"키울 때는 힘들겠지만 다 키워 놓으면 자기 노후는 걱정 없겠네."

외동딸만 달랑 있던 친구는 아이가 많은 나를 실제로 부러워하기도 했다. 그런 말을 나누던 시절에는 '자식은 나의 노후!'라고 생각하는 사람들이 많았다. 자식이 재산이나 된 듯 자식이 많으면 부자 같은 마음이 있었다. '지금은 힘들지만 자식을 다 키우면 고생이 끝날 것'이라는 희망으로 자식을 키운 분들도 많았다. '자신을 잘 키워준 부모님에게 빚을 졌으니 자식은 그 은혜를 평생 갚아야 한다.'라는 눈에 보이지 않는 채무 관계가 우리 사회의 오랜 풍습처럼 자리 잡고 있었다. 친구의 말은 자식의 수가 많은 만큼, 나중에 자식 덕을 보겠다며 부러워하는 말이었다.

나 역시 은연중에 이런 생각에 젖어있다가 아이의 말에 정신이 번쩍 났다. 그제야 나를 돌아보았다.

나야말로 떡 줄 사람은 생각도 안 하는데 김칫국부터 마시는 부모였나?

세상이 변했는데 나는 이제껏 나의 노후도 준비하지 않고 무엇을 위해서 이렇게 열심히 살았나?

아이들에게 엄마의 노후를 책임지라고 무언의 요구를 하고 있었던 것은 아닐까?

나의 노후대책은 과연 무엇일까?

별별 생각이 다 들면서, 마음 한구석에 자식에 대한 기대와 보상 심리가 없지는 않았음을 깨달았다. 그런 생각에 닿자, 나 자신이 부끄러워졌다. 엄마의 의무라고만 여겼던 자식돌봄에서 이제는 나를 위한 자기돌봄의 시간을 가져야겠다는 생각이 들었다.

나의 노후에 대해 각성하게 해 준 아들, 또 나의 노후를 준비할 시간적 여유를 준 두 딸에게 고마울 따름이다. 지금까지 아이들을 잘 돌보았던 것처럼, 이제부터는 나를 잘 돌보는 사람이 되어야겠다고 마음먹었다.

제3부

이제 엄마를 졸업합니다

엄마를 졸업한다는 것은 이제 나로 살기로 하는 인생의
전환점이다. 엄마로 지내 온 짧지 않았던 시간들은
기뻤고, 안타까웠고, 보람도 있었고, 때로는 버겁기도
했다. 나는 이제 엄마로서의 지난 시간들을 뒤로하고,
앞으로 다가올 나의 시간들을 맞이하려고 한다. 다가올
나의 미래는 어떻게 꾸려 갈까? 고민을 시작했다.

내 직업은 엄마였다

우리 세대도 아이를 세 명이나 낳아 기르는 일이 흔하지는 않았다. 큰애와 둘째는 연년생이지만 막내는 7살 차이로 터울이 꽤 있다. 그렇게 세 아이를 키우다 보니 나의 육아 기간은 꽤 길어졌다. 아이 셋을 키우면서 혹시나 나의 나태함이나 방심으로 아이들에게 엄마의 사랑이 3분의 1씩밖에 안 돌아갈까 봐 두 배, 세 배 더 열심히 노력했다.

엄마로서 인생을 열심히 사는 것이 바로 나의 인생을 열심히 사는 것이라 믿고 나는 ○○맘으로 열심히 살았다. '○○맘'이라고 불리던 이름은 아이들을 기르는 세월 동안의 나의 계급장이었다. 아이가 셋이다 보니 내 이름은 세 개나 되었고, 아이들 이름이 붙은 ○○맘으로 불릴 때면 마치 계급장을 수여받은 군인이 자기 사명감에 불타듯 아이에 대한 막중한 책임을 부여받은 것 같은 기분이 들었다. 그 계급장은 엄마의 사랑으로 빛나는 것이었다. 내 진짜 이름보다도 굳건히 나를 지탱해 주고 무한한 힘을 주는 표식이었으며, 어떠한 대가를 바라는 것도 아니었다. 그저 베풀어 주고만 싶은 마음만 담긴 이름이었다.

아이가 기뻐하고 행복해하면 나는 ○○맘이라는 사실이 마냥 행복했고, 아이가 아프거나 실패할 때는 계급장에 맞는 책임을 다하지 못한 것 같아 힘들었다. 아이의 성적이 쑥 오르면 내 어깨도 으쓱해지고, 아이의 성적이 뚝 떨어지면 내 어깨도 덩달아 움츠러들었다. 그렇게 나는 ○○맘이라는 이름으로 아파하고 기뻐하고 인내하며 27년을 살았다.

치열했던 ○○맘으로서의 시간이 흘러갔고, 그 이름의 유효기간이 27년 만에 끝났다. 전역하는 군인처럼 나의 계급장을 반납하고, 이제는 누구누구의 맘이 아닌 원래의 내 이름 석 자, 아직은 낯선 나의 이름 '황혜정'으로 돌아갈 때가 되었다.

나는 N잡러 맘

살아오면서 나의 직업은 여러 가지였다. 남편이 자영업을 했기에 생활이 안정적이지는 않았다. 기회가 주어지는 대로, 상황이 되는 대로, 이 일 저 일을 했다. 남편과 같이 일을 하기도 했고, 때로는 각자의 일을 하기도 했다. 식당도 운영했고, 카페도 했고, 건강 관리 숍을 운영하기도 했다. 그렇게 일을 하면서도 돈을 좀 더 벌어 보려는 욕심에 보험 회사에도 다녔다. 또 다른 일이 없을까 싶어 여기저기 기웃거리기도 했다. '과연 내가 원하는 일일까?'라고 생각할 겨를도 없이 그냥 일을 해야만 했다. 내가 좋아하는 일, 내가 하고 싶은 일이 무엇일까를 생각하는 것은 사치였다.

하기 싫은 일을 억지로 하는 그런 생활에 회의가 들 때면, '내가 좋아하는 일을 하면서 나의 꿈을 위해 살면 얼마나 좋았을까?' 하는 생각이 들어 기운이 빠졌다. 그나마 공부 잘하는 아이들을 뒷바라지하며, 엄마니까 그래도 괜찮다고 위로하며 살았다. 변하지 않는 내 직업은 엄마였다. 엄마니까 아이들만 생각하면 어떤 일을 해도 괜찮았다.

과거로 돌아가는 타임 슬립 드라마가 있다. 주인공이 과거로 돌아가서 과거의 오류를 정리하고 다시 현재로 돌아와서는 더 행복해지는 이야기가 대부분이다. 불현듯 내가 20년 전으로 돌아간다면 어땠을까 상상해 보았다.

30대의 나로 다시 돌아간다면, 전공을 살려 잘나가는 패션디자이너가 되어 있지는 않았을까? 돈도 잘 벌어 엄마에게 용돈도 팍팍 드리는 자랑스러운 딸이 되어 있지는 않았을까? 그러나 현실에서 30대의 나는 이미 세 아이의 엄마였다. 막내를 유모차에 태우고 초등학교 앞으로 두 딸을 마중 나가는 그런 엄마였다. 가족을 위해 맛있는 저녁을 준비하느라 주방을 종종거리던 주부였다.

40대의 나로 다시 돌아간다면, 유학도 가고 박사 학위도 받아 대학교에서 학생들을 가르치는 열정적인 교수님이 되어 있지는 않았을까? 다시 현실의 나는 앞치마를 두르고 하루 종일 뛰어다니며, 손에 물이 마를 시간도 없는 식당 아줌마였다. 바깥일에, 집안일에 아이들 챙기느라 잠잘 시간도 없이 바쁘게 사는 엄마였다.

아이들 키우는 시절에는 그렇게 사는 것이 나의 최선이라 생각했다.

아이들을 향하는 엄마의 마음에는 빈틈이 없었던 것 같다. 마음 한 곳의 여백을 나를 위해 준비해 놓아야 한다는 것을 몰랐다. 그것은 내가 더 나이 들어서 또는 노년이 되어서 필요한 나를 위한 마음 한 자락이었다. 나의 꿈을 위한 자리였다.

아이는 엄마의 희생을 원하지 않는다

나는 언제부터인가 허리가 안 좋았다. 명절을 지내거나 집안일을 좀 많이 했다 싶은 날이면 며칠 동안 허리가 뻐근하곤 했다. 하지만 '무리해서 아픈 거니까 좀 쉬면 나아질 거야.' 하면서 대수롭지 않게 생각했다. 그리고 견딜만 하면 바쁘다는 이유로 병원도 가지 않았다. 그런데 막내가 고3이 되던 봄부터 이상 증세가 나타나기 시작했다. 다리가 저려오기 시작했다. 아픈 정도가 점점 더 심해지더니 발을 딛을 수 없을 정도로 한쪽 다리가 땅기는 것이었다. 밤새 통증에 시달리다 밤잠을 설치기 일쑤였다. 걸음을 걸을 수도 없고, 운전을 할 수도 없었다.

도저히 참을 수가 없어서 하는 수 없이 동네 병원에 갔는데 MRI 결과가 뜻밖이었다. 이미 5번 디스크가 터져 있었다. 터져서 흘러나온 디스크의 범위가 너무 넓은 데다가 디스크가 터진 지 꽤 오래되어 많이 굳어있다고 했다. 의사 선생님은 당장 수술해야 한다며 언제 마비가 올지 모른다고 하셨다. 물리 치료를 두 달 넘게 받았지만, 소용이 없었다.

어느 입시 설명회에서 들은 얘기인데, 우스갯소리지만 인생에서 어려운 시기가 두 번 있다고 한다. 한 번은 자신이 고3일 때, 또 한 번은 고3 엄마일 때란다. 그때 막내가 고3이었다. 입시를 준비하느라 온갖 신경을 다 아이에게 쓰고 있었는데, 하필이면 지금 아프다니…. 교통경찰도 안 잡는다는 고3 엄마. 고3 엄마는 아파서도 안 되었다.

나는 혹시라도 아이가 신경 쓸까 봐 아픈 티를 안 내려고 매일 진통제를 먹어 가며 마련하게 꾹꾹 참았다. 수술을 받게 되면 병원에 입원해서 오랫동안 누워있어야 했다. 그렇게 누워있을 정도로 마음이 한가하지 않았다. 그놈의 고3 엄마가 뭐라고. 나는 아이 걱정이 앞서 도저히 수술할 수 없었다. 그렇게 몇 달을 버텼는데 더 이상 참을 수가 없었다. 한 2~3일만 입원하면 된다기에 연휴를 이용해 간단한 시술이라는 것을 받았다. 하지만 소용없었다. 다리는 여전히 아팠고, 점점 더 아파져서 걸을 수조차 없었다.

"당신, 이러다가 큰일 나겠네. 도대체 어쩌려고 그래?"

"괜찮아. 나 참을 수 있어. 조금만 더, 시험 끝날 때까지만 더 참을래."

남편은 나를 걱정했지만, 고집불통인 나는 누구의 말도 듣지 않았다. 음대 입시는 다른 일반·입시와는 시험 시기가 다르다. 10월부터 실기시험이 시작되어 다른 수시와는 다르게 수능이 끝나고 1월~2월까지도 실기 시험이 계속된다. 10월부터 시작된 아이의 실기 시험은 12월이 돼서야 서울대 수시 2차 시험을 끝으로 모두 마무리되었다.

아이가 마지막 시험을 끝내자마자 다음날 병원으로 달려가 수술 일정을 잡았다. 모든 입학 시험이 끝났으니 비로소 홀가분한 마음으로 수술대에 누울 수 있었다.

다행히 수술은 잘 되었다. 마취가 깨는 순간, 일 년 가까이 나를 괴롭히던 다리 통증이 거짓말처럼 사라졌다. 이렇게 금방 좋아지는 걸 그렇게 오래 참았다니 내가 생각해도 너무 미련했다. 비록 병실에 누워 있었지만 오랜만에 편안한 마음이었다. 영하 15도가 넘는 추운 날씨가 연일 계속되었다. 이제 괜찮다고 오지 말라는 데도 막내는 밤마다 병실을 찾아와서 시뻘겋게 언 얼굴을 비비며 눈물을 글썽거렸다.

"엄마, 이제 안 아픈 거지? 내 시험이 뭐라고…. 엄마가 아픈데 내가 대학 가는 게 무슨 의미가 있어? 난 엄마가 제일 소중하단 말이야."

순간 나는 아이에게 너무 미안했다. '미련한 나의 행동 때문에 아이에게 큰 부담을 주고 있었구나.'

막내의 대학 합격 발표를 보는 순간, 나와 아이는 부둥켜 안고 엉엉 울었다. 그동안 아이의 입시에 전념하기 위해 아픔을 참아 가며 노심초사했던 나의 정성이, 아니, 미련한 희생이 아주 조금은 보탬이 된 것 같은 마음에 더 기쁘고 덜 미안스러웠다. 아이는 자기 때문에 엄마가 더 아프지 않았나 걱정하는 마음이었을 텐데 합격했으니 보답하는 마음이 들었을 것이다.

어디 나만 이런 것이었겠는가. 모든 엄마는 자식을 위해 서라면 기꺼이 희생할 것이다. 입시라는 커다란 과제가 엄 마들에게 더 큰 희생을 강요한다. 엄마들은 비싼 사교육비 를 부담해야 하고 새벽부터 밤늦게까지 아이를 위해 신경 쓰며 봉사한다. 하지만 무모한 희생은 옳지 않다는 것을 알았다.

아이는 엄마의 이런 희생을 원치 않는다. 다행히 수술 후 좋아졌기에 망정이지 만약에 더 아프게 돼서 돌이킬 수 없 는 상황이 되었다면 그것은 아이에게 씻을 수 없는 상처가 됐을 것이다. 나 또한 그런 엄마가 되길 바란 것은 아니었다. 그 일을 통해 아이를 위한다고 아이도 원치 않는 무모한 희생을 하고 있지는 않았는지 나를 돌아보았다. 혹시 희생이라는 이름으로 아이에게 부담을 주고 있는 부모는 아닐까 생각했다.

디스크 수술 후 오랫동안 아팠던 통증은 사라졌다. 그런데 그때부터 운동이나 신체 활동에 제한이 생겼다. 일상생활에서 삶의 질도 떨어졌다. 하고 싶은 것을 마음대로 할 수 없었고, 다시 잘못될까 두려운 마음에 자꾸 몸을 사리게 되었다. 오랫동안 근육이완제를 먹어서인지, 아니면 움직이지 않아서인지 몸의 근육은 다 빠졌다. 의욕도 없었다.

수술 후 마음대로 몸을 움직일 수 없어 여러 가지로 우울하던 중 동시에 폐경도 찾아왔다. 더욱 우울해지기 시작했다. 신체적인 변화에 이어 정신적인 변화가 찾아오며 스스로를 더욱 감당하기 어려운 상태가 되었다.

3개월가량 바깥출입도 하지 않고 동굴 속에서 겨울잠을 자는 것처럼 거의 집에서 누워서만 시간을 보냈다. 그동안 아이들 키우랴, 이일 저일을 하랴 몸을 아끼지 않고 고되게 살아왔던 나에게 잠깐의 휴식 같은 시간이었다.

그즈음 지인과 친구 두 명이 50대에 갑자기 췌장암과 급성 백혈병으로 세상을 떠났다. 연달아 겪은 갑작스러운 죽음에 너무 슬프고 충격이 컸다. 갱년기를 잘 극복하고 행복

한 노년을 보내는 데 건강 관리가 얼마나 소중한지 깨닫게
되었다.

교육비와 맞바꾼 노후 자금

아이 셋을 키우려면 아이가 한두 명인 다른 집보다 아무래도 양육에 시간과 노력이 더 필요하다. 물론 교육비도 더 많이 든다. 특히 경제적으로 많은 부담을 감수해야 했기에 나는 허리띠를 더 졸라맸다. 아이들 세 명을 공부시킨다는 것은 쉬운 일이 아니었다. 남편의 수입만으론 세 아이의 교육비며, 생활비며 턱없이 모자랐다.

학원비라도 보태면 좋겠다고 생각하고 가벼운 마음으로 음식점을 시작했다. 사회 경험이 없었던 나는 식당을 운영한다는 것이 얼마나 고된 일인 줄 몰랐다. 그냥 카운터에 앉아서 돈이나 받으면 되는 줄 알고 철없이 식당을 시작했다. 그 무모한 일이 나중에 우리의 생업이 될 줄 몰랐다. 식당 일이라는 것은 그야말로 '장난 아니게' 힘들었다. 아침부터 밤늦게까지 12시간을 일해야 했고, 명절도, 휴일도 없이 문을 열어야 했다. 주말에는 더 바빠서 앉아서 쉴 시간조차 없었다. 아침이면 발이 퉁퉁 부어 신발이 안 들어갈 정도였다.

아이들 교육을 무엇보다 최우선으로 생각했기에 식당 일 때문에 아이들에게 소홀하면 안 된다고 생각했다. 그래서 식당 바로 옆집으로 이사를 했다. 아이들이 엄마가 없는 빈자리를 느끼지 못하게 하루에도 열두 번, 아니 수십 번, 짬짬이 집과 가게를 오가며 아이들을 보살폈다. 아이들도 엄마가 바로 옆에 있어 오며 가며, 언제든지 얼굴이라도 볼 수 있으니 안도감이 들었다. 이런 희생은 엄마로서 당연하다고 생각했다.

나의 이런 노력에 보답이라도 하는 듯, 실망시키지 않고 열심히 공부하는 아이들에게 고마웠다. 아이들 성적이 좋으면 힘을 내서 더 열심히 일했다. 아이들이 중고등학생이 되면서 학원비, 과외비, 레슨비까지 생활비 대부분을 교육비로 지출해도 그게 당연하다고 생각했다. 그때는 나의 미래도, 노후도 안중에 없었다. 오로지 아이들 교육만이 인생 목표였다.

아이들만 바라보며 달려가던 그 시절, 나는 최선을 다했다. 엄마로서 열심히 살았고, 아이들에 대한 책임을 충분히 다했다. 다만 이제와서 후회스러운 점은 아이들과 내가 서로 공평하게 공존하지 못했다는 점이다. 아이들을 위해 열정을 다하면서 나에게도 그 열정을 조금 나누었으면 더 좋았겠다는 아쉬움이 든다.

아이들을 잘 키웠으니 내 인생도 성공이다

어느 날 TV에서 이런 장면을 보았다.

"평생을 아이들을 위해서 살다 보니 내 인생이 없는 것 같아요. 내 인생은 어디로 갔을까요?"

유명 강사에게 상담자가 이렇게 묻자, 강사가 이렇게 말했다.

"그때는 아이들이 당신의 인생이었으므로 당신은 당신의 인생을 잘 사신 겁니다."

이 말 한마디로 나는 그동안 살면서 풀리지 않던 문제의

해답을 찾은 것 같았다. 원하지 않는 인생을 산 것 같아 늘 아쉬웠던 내게 진정 필요한 답이었다. '그렇다. 나의 아이들을 위해서 열심히 살았던 나는 결국 나의 인생을 열심히 산 거였구나.' 이렇게 생각하는 순간, 이루지 못한 과거의 꿈이 더 이상 아쉽지 않았다.

긴 시간 그 이름값 하느라 고생했다고 스스로 위로하며 어깨라도 한 번 두드려 주고 싶었다. 하지만 그럴 새도 없이 시간이 지나갔다. 어느새 50대가 된 내 인생은 성공한 것일까? 아니 성공했다고 믿고 싶었다.

아이들을 열심히 키우며 살아왔던 시절은 인생에서 너무 행복하고 소중한 시간이었다. 부모로서의 책임과 희생을 다했던 시간이었다. 그러나 어느 날 갑자기 성장한 자녀들로부터 느끼는 허탈함을 탓하기에는 내게 남은 시간이 너무 아깝다. 나의 인생의 반은 아이들을 위해서, 남은 반은 나를 위해서 값지게 살 것이다.

이제는 삶의 목적이 아이들에서 나 자신으로 바뀌었다.

엄마 졸업

50대가 되니 나를 위한 시간도 많아졌다. 30대처럼 육아에 대한 걱정이 있는 것도 아니고, 40대처럼 교육비에 대한 부담이 크지도 않다. 엄마로서의 나의 소임은 다했다. 지금까지는 아이들과 가족들과 함께 인생을 계획하고 실행하는 시기였다면, 이제야 비로소 온전히 나만을 돌아보며 나를 중심으로 인생 후반을 준비할 수 있는 시기다.

이제는 엄마를 졸업할 때가 되었다. 행복하고 열정적이었던, 때로는 힘겹고 애처로웠던 짧지 않았던 엄마의 시간을 이제 졸업하려 한다. 누군가가 그랬다. 졸업은 끝이 아니라 새로운 시작이라고. 새로운 인생의 시작, 그래 이젠 내 차례다. 비로소 나만을 위한 차례가 왔다. 아이들이 다 큰 이제는 나를 위해 새로운 꿈을 꾸는 나의 시대가 왔다.

아이들에게 쏟았던 열정을 이제는 나에게 쏟으려 한다. 지금의 나는 자식보다 나의 미래를 더 신경 써야 할 것이다. 아이들에게 졸업이란 새로운 세상으로의 시작이며, 도전이었다. 이제 엄마를 졸업하는 나에게도 아이들의 졸업과 같은 큰 의미를 부여하고 싶다. 자식을 다 키워 놓은 그 이후의 삶은 그저 편하게 보내는 여생(餘生)이 아니다. 앞으로 몇십 년이나 계속될 인생이며 나의 새로운 인생이다. 이제 나에게는 다시 시작하는 새로운 미래이다.

가족을 위해, 또는 사회를 위해 바쁘게 살아온 중년을 서서히 마감하고, 새로운 인생 노년을 시작하는 시점이 바로 50대, 그게 바로 지금의 나다. 이제부터는 나의 돌봄을 시작하려 한다.

그럼 이제 나를 위해 무엇을 준비해야 할까?

돌이켜 보니 아이들의 진로나 미래는 늘 걱정하며 계획을 했지만 정작 나에 대해서는 그런 생각을 하지 못했다. 부모님이 살아 계셨으면 당신의 노년은 어떠했냐고 묻고 싶다. 인생에서 처음으로 노년을 맞는 자식에게 나의 부모님은 어떤 충고 어린 말을 해 주셨을까? 앞으로 다가올 노년을 상상해 본다. 병들고 힘없고 가난하여 노년이 가혹하다 할까? 아니면 그래도 늙어 보니 노년은 보람되고 살 만하다고 할까? 궁금하기도 하다.

자기만의 일을 열정적으로 하며 사회적으로 성공한 멋진 친구가 있다. 하고 싶은 것을 이루어 가며 활발한 활동을 하는 친구에게 부럽다고 했더니 친구는 내게 이렇게 말했다.

"나는 지금의 나를 이미 20년 전에 계획했었어. 그래서 그 계획을 지금 이루고 있는 거야. 이제 우리는 다시 20년 후의 나를 위해 계획을 세워야 해. 20년 후에 너는 어떤 사람이 되고 싶니?"

친구의 질문은 날카로웠다. 나 자신에게 무책임했던 나를 돌아보게 하는 질문이었다. 그렇다. 그때 나는 20년 후의 나를 계획하지 못했다. 우연한 성공은 없는 것이다. 계획이 없었던 나에게는 부러움만 남아 있었다. 친구의 말대로 다시 20년 후에 나를 후회하지 않게 계획해야겠다. 멋진 나의 노년은 지금 세우는 나의 계획으로 만들어지는 것이다.

이제는 나의 로드맵을 그릴 차례다. 나는 빈 노트를 폈다. 그리고 백지 위에 컴퍼스로 동그라미를 그리고, 지금부터 나의 50년 간의 계획표를 짰다. 그리고 하나하나 실천하기 시작했다. 그 계획표에는 정서적, 신체적, 사회적, 경제적으로 많은 계획이 필요해 보였다. 새로운 계획에는 해야 할 일이 참으로 많았다.

바쁘게만 살다 보니 딱히 취미라는 게 없었다. 아이들을 돌보는 것이 나의 취미였나? 아이들의 꿈은 늘 꾸었는데 정작 나의 꿈은 없었다. 그동안 하지 못했던 내가 하고 싶어 했던 일들을 생각해 보았다. 꿈으로만 간직했던 일, 마음은 있었지만 실천하지 못했던 것을 다시 생각해 보았다. 하나하나 세워 가는 나의 계획이 앞으로 이루어지기를 바란다.

제4부

자녀돌봄에서 자기돌봄으로

자녀돌봄에서 시작해 그 돌봄이 끝나면 부모돌봄을
해야했던 세대에 살았다. 자신을 돌봐야 한다는
생각조차 못하고, 타인을 돌보며 살아왔다.
이제는 나를 스스로 돌보는 시대다. 점점 길어지는
노년의 돌봄은 이제 나 스스로 해결하지 않으면
안되게 되었다.

친정 엄마 돌봄을 경험하다

엄마는 내가 결혼하던 해, 52세라는 이른 나이에 갑자기 쓰러지셨다. "먹은 게 체한 거 같네."라며 소화제만 드시고 병원에 가지 않으셨다. 다음 날까지 참는 바람에 골든 타임을 놓쳤고, 결국 뇌경색으로 판정받으셨다. 젊은 나이에 뇌경색이라니, 청천벽력 같은 말이었다. 다행히 몸의 마비는 없었지만 언어 중추가 손상되어 말을 잘 못하셨다. 그때만 해도 엄마는 밥 잘 먹고 잠만 잘 자면 건강한 걸로 믿고, 건강 검진 같은 것은 단 한 번도 받아 본 적이 없으셨다. 고혈압이 있었던 것도 쓰러지시고 난 후에야 알게 되었다. 두 달간의 입원 치료 끝에 천만다행으로 엄마는 어느 정도 회복되셨고 일상생활로 복귀하셨지만 다니던 직장은 그만두셔야 했다.

혈관성 질환이라는 것은 완치가 없다고 한다. 일상생활이 가능해서 겉으로 보면 몇 년간은 정상인 것처럼 보였다. 하지만 총명함도 사라지셨고, 왠지 모르게 말투도 점점 어눌해지셨다. 엄마는 소싯적 사무실에서 서기를 할 정도로 명필이셨는데 글씨가 삐뚤삐뚤, 오른손잡이가 왼손으로 쓴 것 같았다. 중요한 전화번호도 기억하지 못하셨고, 늘 타고 다니던 버스를 잘못 타서 헤매다가 저녁이 돼서야 겨우 집에 들어오곤 하셨다. 엄마는 차츰 외출하는 것을 스스로 두려워하게 되었다.

엄마의 일상생활이 어려워지면서, 가족들은 집에서 소소한 돌봄을 함께하며 치료에 힘썼다. 그러나 결국 혈관성 치매로 진행되었고, 그 후 10년이 넘는 세월을 치매 환자로 사시게 되었다. 치매는 처음에는 가벼운 증상이었다. 점점 일상생활이 힘들어지면서 말수도 줄어들어 의사소통이 불가능해졌다. 나중에는 혼자서는 의식주를 해결할 수 없는 상태가 되었다. 먹는 것, 씻는 것, 화장실 가는 것 등 꼬박 3년을 넘게 수발을 받으시다가 결국 돌아가셨다.

나와 동생은 상대적으로 이른 나이에 '치매 엄마 돌봄'이라는 현실을 직면해야 했다. 지금처럼 국가나 요양 기관에서 돌봄을 책임져 주지 않았던 시절이었다. 원하든, 원치 않든 늙고 병든 부모의 돌봄은 고스란히 자식들의 몫이었다.

지금은 과거보다 약도 좋아지고 치료 방법도 발전했다. 다양하고 자세한 의학 지식도 쉽게 얻을 수 있다. 부모님의 아주 사소한 변화도 민감하게 살피고 작은 이상 신호에도 빠르게 반응해야 한다. 그래야 우리는 골든 타임을 지키고, 나와 부모님의 건강을 좀 더 오래 지킬 수 있을 것이다.

인생은 돌봄의 연속

결혼 후 얼마 지나지 않아 '엄마'가 되었다. 막중한 돌봄이 시작된 것이다. 아이를 세 명이나 낳은 나는 끝없이 이어지는 육아를 했다. 이 돌봄은 남편의 내조나 가사를 돌보는 것과는 비교할 수 없는 절대적인 영역의 돌봄이었다. 아기를 먹이고 재우며 24시간 동안 한치도 눈을 떼지 못하고 아기를 돌본다. 아이가 자라서 성인이 될 때까지 이 숙명은 계속된다. 지금이야 자녀돌봄을 사회에서 많은 부분 감당해 주고 있지만, 예전에는 아이 돌보는 것은 오로지 엄마의 몫이었다. 엄마는 직장을 포기하거나 병행하면서 아이의 돌봄을 책임졌다. 하찮은 동물도 새끼를 애지중지 돌보는 것을 보면 자식에 대한 돌봄은 부모로서 너무 당연한 본능이라고 생각했다. 그러다 보니 어느덧 30년의 세월이 지났다.

그 시절 나는 '아내는 가정을 돌보고 남편을 보필해야 한다.'라고 생각했다. 전통적인 관념이 어려서부터 나도 모르게 스며들어 있었고, 때로는 현모양처를 최고의 가치로 여기며 아내의 역할에 충실했다.

돌봄은 이게 다가 아니었다. 내가 나이 드는 만큼 점점 연로해지시는 부모님을 돌봐 드려야 했다. 자식된 도리의 돌봄은 나에게 커다란 부담으로 돌아왔다. 부모님에 대한 돌봄은 본능은 아닐지라도 윤리적인 책임이자 자식의 의무였다.

나에게 돌봄은 어린 자녀를 부모가 보살피는 것, 늙고 병든 부모를 자녀가 돌보는 것이다. 돌봄을 받는 사람은 몸이 아프거나 나이가 어리거나 연로해서 스스로 자신을 책임질 수 없는 상태에 있다고 여겼다. 그래서 '돌봄'은 '약자'를 돌보는 것으로만 생각했다.

부모님 세대와는 다르게 가치관이 많이 변화된 시대를 살았던 나인데도 인생을 돌이켜보면 전통적인 돌봄의 연속이었구나 싶다. 부모님의 돌봄을 받으며 자라다가 결혼과 동시에 하루아침에 아내, 며느리가 되어 가족을 돌보게 되었다.

이렇게 돌봄을 받고, 돌보며 살다 보니, 어느새 중년을 지나 노년을 바로 앞둔 나이가 되고 말았다. 언제부터인가 한두 달에 한 번씩 오는 청첩장과 부고 문자를 받고 여기 저기 쫓아다니느라 바쁘다. 지금의 내 나이는 자식을 다 키워 결혼시키고 분가시키는 나이다. 부모님들이 한두 분 씩 돌아가시는 그런 나이다.

불현듯 '우린 이렇게 평생 돌봄을 하고 돌봄을 받다가 일 생을 마치는 것인가?' 하며 허탈감이 들기도 한다. 자식을 돌보다가 다시 부모의 돌봄으로 이어지는 중년 세대에게 나를 위한 돌봄이 있기는 한 것일까?

돌봄의 대상이 된 나

자식이 독립하고, 부모님이 돌아가시면서 누군가를 돌보는 나의 역할이 점점 줄어들고 있다. 이제는 돌봄의 대상도 '나'이고, 돌봄의 제공자도 '나'인, 비로소 내가 나를 돌보아야만 하는 시기가 되었다. 이제는 늙어갈 나에 대한 돌봄이 가장 큰 과제가 되었다.

지금은 옛날 우리의 부모 세대처럼 자식에게 의지하며 마음 놓고 늙어가도 되는 그런 세상이 아니다. 아픈 부모에 대한 돌봄을 일찍 경험한 나는, 우리 자식들이 앞으로 당면할 부모돌봄에 대해 진지하게 고민하기 시작했다. 나 자신에 대한 자기돌봄에 대해 생각하게 된 계기는 내 자식들이 부모돌봄에서 해방되어 좀 더 편하게 세상을 살기를 바라는 마음에서였다. 다른 사람 얘기 같았던 돌봄이란 것이 나의 문제가 되어 다가왔다.

내가 아프면 누가 돌봐 줄까?
내가 늙으면 누가 돌봐 줄까?

다른 사람을 위한 돌봄이 아니라 나를 위한 돌봄이 필요하다는 생각이 생겨나기 시작했다. 나를 스스로 돌봐야 한다는 '자기돌봄'이라는 것에 대한 고민이 시작된 것이다.

시대가 바뀌었으니 돌봄을 바라보는 새로운 시각이 필요하다. 80세, 90세 계속 지금처럼 건강하리라 장담할 수는 없다. 그렇다고 길어진 노후에 수십 년을 다른 사람에게 나의 돌봄을 의지할 수는 없다. 누구에게도 의지하지 않고 내가 나의 돌봄을 실천해야 한다. 돌봄이 필요한 사람도 나이고 돌봄을 하는 사람도 내가 되어야 한다. 그렇기에 자기돌봄에 대한 계획이 필요하다.

새로운 시대 새로운 돌봄

노인이 노인을 돌보는 것을 노노케어(老老care)라고 한다. 늙은 자식이 늙은 부모를 돌보는 경우를 주변에서 많이 볼 수 있다. 80대 조부모와 50대 부모, 그리고 20대 자녀로 구성된 가족들을 쉽게 찾아볼 수 있다. 우리 집도 비슷하다. 80대의 부모님, 60대가 되어가는 우리 부부, 그리고 30대가 된 자녀들. 그러고 보니 이제는 노노케어가 아니라 노노(老老) 시대를 준비해야 하는 것이 맞는 것 같다.

아직 우리 가족은 누가 누구를 돌본다기보다는 각자 잘 살고 있다. 어머님은 어머님대로 정정하게 혼자 잘 지내시고, 아이들도 취업 후에는 분가하여 각자 자기 삶을 살기 바쁘다. 서로에게 의지하려 하지 않고, 부모와 자식 간에 서로 부담을 주지 않으려고 노력하며 산다. 한 마디로 각자도생(各自圖生)이다. 앞으로 10년 후에도 90대의 어머님, 70대 우리 부부, 그리고 40대 자녀들이 지금처럼 건강하게 잘 살기를 진심으로 바란다.

나는 노인이 되어도 스스로 잘 살아야 한다는 자립에 대한 의지와 희망을 품고 있다. 어쩔 수 없는 상황이 아니라면 부모는 부모대로, 자식은 자식대로 스스로를 잘 돌보는 것이 앞으로의 노노(老老) 시대를 잘 사는 방법일 것이다.

요즘은 돌봄의 선택이 다양해지고, 편해지는 세상이 되어가고 있다. 조금만 도심을 벗어나도 돌봄 기관의 간판들이 즐비하다. 인터넷에서 쇼핑하듯 나의 부모님을 맡아줄 곳을 찾는 시대가 다가왔다.

요즘 같은 시대였다면 어쩌면 나도 아픈 엄마를 나 대신 돌봐 주는 돌봄 시설에 모셨을 것 같다. 이곳이 좋을까? 저곳이 좋을까? 좀 더 시설이 깨끗하고, 가격 착하고, 좋은 프로그램을 제공하는 곳, 자식인 나처럼 내 부모님을 정성껏 돌봐 줄 그런 곳을 찾으려 애썼을 것이다.

나는 자식에게 아픈 부모에 대한 어떤 선택도 맡기고 싶지 않다. 늙고 아픈 후, 나를 돌봐 줄 곳을 내가 스스로 선택하고 싶어졌다. 이것이 자기돌봄을 열심히 준비하는 목적이며 죽는 날까지 나의 존엄을 지키는 방법이라 생각한다.

자기돌봄이란 나를 챙기는 것

　결혼해서 아이를 낳고, 아이들을 위해 최선을 다해 사는 동안, 자식이 늘 나보다 우선이었다. 우선순위에서 나 자신은 항상 제일 뒤로 물러나 있었다. 그것이 부모로서 당연하다고 믿었다. 엄마 역할을 잘하는 게 나의 소명이었다. 자식을 사랑하는 게 곧 나를 사랑하는 것이라 생각했다.

　아이들을 다 키워놓고 다시 나를 바라보니, 그게 옳지만은 않았다는 생각이 든다. 예전의 나를 그래도 조금은 더 사랑해 줄 걸 그랬다. 조금은 더 애틋한 마음으로 나를 돌보아 줄 걸 그랬다.

　"오늘은 컨디션이 안 좋아. 일찍 집에 가서 쉬어야지."
　"요즘 너무 살이 찐 것 같아. 다이어트를 위해 열량 낮은 음식을 먹어야겠어."

"며칠 직장에서 스트레스를 너무 많이 받았어. 휴가를 내서 여행이라도 다녀와야겠어."

'자기돌봄'은 말 그대로 '자기를 스스로 돌보는 것'이다. 자기 관리와 자기 계발을 모두 포함하며 자발적이며 능동적이다. 늙거나 아픈 상태가 되어서 남으로부터 받는 돌봄이 아니라, 건강할 때도, 평상시에도 스스로 나를 돌보는 것이다. 나를 위해 먹고, 나를 위해 쉬고, 상처받은 몸과 마음을 스스로 위로하는 것이 나를 돌보는 자기돌봄이다.

자기를 돌본다는 것은 내가 좋아하는 일을 하는 것만은 아니다. 나만 보고, 나만의 시간을 가지는 것도 아니다. 내가 나를 이끌어 가는 것, 내가 나를 주도하는 것, 바로 나를 위한 나의 돌봄이다. 그것이 진정한 자기돌봄이다. 앞으로 더 늙어갈 나를 잘 돌보아야 한다.

아픈 엄마의 돌봄을 통해, 아이의 철없는 한마디에 느꼈던 상념들을 통해 이런 생각을 하면서 나의 돌봄에 대하여 다시 생각하게 되었다.

갱년기에 숨 돌리기

아이들의 교육이 끝났다고 생각한 시점에 나의 갱년기가 찾아왔다. 적절한 시기에 찾아온 갱년기는 나의 몸과 마음을 재정비하는 시간이었다. 자식만 바라보고 정신없이 달려온 나에게 때마침 찾아온 신체적 이상 신호는 지금까지의 나를 멈추고 숨을 돌리라는 의미였다.

시속 300km 넘게 달리는 경주용 자동차는 경주 중에 급유나 타이어 교체 등의 재정비를 받기 위해 달리던 차를 멈춰야 한다. 0.001초를 다투는 스피드 경기 중에 정비를 위해 2초나 되는 시간을 멈추는 것은 너무나도 치명적인 일이다. 하지만 그래야만 남은 경기를 계속 잘할 수 있다. 이렇게 멈추는 것을 피트 스탑(Fit Stop)이라고 한다. 이제는 달리는 액셀에서 발을 떼고 브레이크를 밟아야 할 때가 된 것이다. 갱년기는 잠시 멈춰서 숨을 고르고 나의 인생과 미래를 재정비하는 나의 피트 스탑이었다. 앞으로 다시 50년을 달려야 하기 때문이다.

미국의 의학박사이자 산부인과 전문의인 크리스티안 노스럽은 『폐경기 여성의 몸, 여성의 지혜』라는 그의 저서에서 폐경기야말로 일대 변혁이 일어나는 시기이고, 우리가 이런 사실을 미리 알고 맞이할 경우, 우리의 몸과 마음, 영혼을 내면 깊숙이 치유하고 변화시킬 수 있는 시기라고 말한다. 그리고 우리가 몸의 상태를 깨닫는 것만으로도 우리 몸은 치유된다고 말한다. 나는 이 책을 통해 갱년기는 나의 몸을 알아가는 시기이자, 나의 마음을 치유하는 시기라는 것을 깨달았다. 나를 더 사랑해야 하는 시기라는 생각도 하게 되었다.

'건강한 노년을 맞이해야겠다.', '나를 사랑하며 나를 더 잘 돌봐야겠다.'라는 생각이 구체적으로 들기 시작했다. 지금까지는 엄마로, 아내로, 며느리로만 살았는데 이제부터는 온전히 나로 살아야겠다고 생각했다. 이렇게 마음을 추스르기 시작하자, 갑자기 의욕이 생기며 마음이 바빠졌다. 이제 발등에 불이 떨어진 것같이 느껴졌다. 더 늦기 전에 당장 나를 위한 무엇이라도 시작해야 했다.

우리 부모님은 가족을 위해 살다 보니 자신을 돌볼 틈도 없이 살다가 어느새 노인이 되었다. 몸과 마음의 변화도 인지하지 못한 채, 건강 관리도 못 한 채, 늙고 병들어 불행한 노년이 되었다. 갱년기의 변화를 거치며 성큼 다가오는 늙음에 반항도 못하고 순응하며 살다가 그렇게 돌아가셨다. 건강에 대해 인식을 하고 건강 관리를 미리미리 잘했다면, 우리 엄마도 갱년기를 잘 넘기고 50대에 그렇게 병들어서 일찍 돌아가시지 않았을지 모른다. 지금까지도 나에게 건강한 엄마로 계셔 주셨을지도 모른다.

지금은 상황이 달라졌다. 평균 수명이 계속 늘어나며 갱년기를 지나도 최소한 30년 정도, 그 이상을 더 살 수 있는 세상이 되었다. 이제 나는 어머니, 할머니 세대와는 다른 새로운 노인의 시대를 산다. 내 자식이 나처럼 이런 안타까운 마음을 느끼지 않게 하려면 지금 내 건강을 내가 잘 돌봐야 한다. 이 시기의 몸과 마음의 변화에도 관심을 두고, 그동안 무관심했던 내 몸과 마음을 잘 보살펴야겠다.

새 아파트는 너무 어려워

   친구의 어머니는 낡은 아파트에서 수십 년을 사시다가 재개발이 되어 드디어 새로 지은 최신형 브랜드 아파트로 입주하셨다. 모두가 부러워하는 새 아파트 생활을 며칠 하시더니 불편해서 못 사시겠다며 불만을 토로하신다. 인덕션 사용법을 몇 번이고 알려드려도 불편하시다며 휴대용 가스레인지를 싱크대 위에 놓고 음식을 해 드신다고 한다.

   비밀번호를 누르고 드나드는 현관 자동 출입문이 불편해서 외출도 못 하신단다. 최신 가전으로 시설이 갖춰진 명품 아파트에 살면 좋기만 한 줄 알았는데 무엇이 불편하시다는 걸까? 이야기를 듣고 보니 '80세가 훨씬 넘은 노인분이면 그럴 수도 있겠구나.'라고 싶었다. '하루아침에 눈을 뜨고 보니 갑자기 바뀐 새로운 세상, 그곳은 낯설고 불편함을 넘어 노인에게는 두려움일 수도 있겠구나.' 하는 생각이 들었다.

우리 어머니는 80세가 넘으셨지만 나름 얼리어답터이시다. 최신형 폴더폰으로 바꾸고 스마트폰 활용도 잘하신다. 카톡으로 문자를 보내거나 유튜브를 보는 정도는 식은 죽 먹기다. 사진을 찍어 공유하시는 방법도 깨치셨다. 손주가 사드린 블루투스 스피커에 "하이, 빅스비." 하며 뉴스나 날씨를 물어보기도 하고, 심심하실 때는 노래도 주문해서 들으신다. 신세대 손주들에게 이것저것 물어보시며 새로운 기기 사용법을 배우려고 계속 노력하신다.

노년을 잘 살기 위한 여러 가지 방법이 많겠지만 이렇게 새로운 것을 배우고 잘 적응해 가려고 노력하는 것이야말로 자기를 돌보며 건강하고, 즐겁게 사는 방법임을 어머니를 통해서 다시 한번 느끼게 되었다. 문명의 이기는 차고 넘치는데 스스로 그러한 것들을 이용하지 못한다면 얼마나 답답할까?

태어날 때부터 디지털 인류인 요즘 아이들만 이 새로운 시대를 살아가고 있는 것이 아니다. "내가 옛날에 우물 빨래터에서, 한국 전쟁 때, 피난 갈 때는…." 하며 말씀하시는 정말 옛날 사람이신 어머니도 새로운 시대를 아이들과 함께 살아가고 있다. 새로운 문물에 적응하기 힘들다고 세상의 변화를 마다할 수 없다.

변화하는 요즘 시대에도 잘 적응하며 혼자 잘 살고 계시는 우리 어머님에게서 가끔 다급한 전화가 온다.

"얘, 갑자기 TV가 안 나온다. 와서 좀 봐주면 좋겠구나."
"밤에 전기가 갑자기 나가서 불도 안 들어오고, 보일러도 안되니 이를 어쩌면 좋냐?"

나와 남편은 혹시라도 연로하신 어머니가 불안해하실까 봐, 겨울인데 추위에 고생하실까 봐, 30분 거리에 있는 어머님 댁으로 한밤중이라도 달려가서 문제를 해결해 드리고 온다. 사실 젊은 사람들에게는 TV 케이블 박스를 만지거나 전기 차단기를 올리는 일 정도는 그리 어려운 일도 아니다. 그러나 노인들에게는 이러한 일이 꽤 난감하고 어려운 일이 될 수도 있다. 그런데, 이런 일은 단지 시어머니만의 일이 아니다.

내가 운영하는 음악 연습실에 인터넷과 와이파이가 갑자기 안돼서 곤욕을 치른 적이 있다. 하필 주말이라서 AS 접수도 안 되었다. 사람들이 불만을 토로하고 있어서 당장 무엇이라도 시도해 봐야 했다. 아쉬운 대로 전화 상담으로 해결해 보려 했다. 기사는 "공유기를 만져 봐라, 인터넷 허브를 만져 봐라." 하고 지시했지만, 너무 생소한 작업에 나는 어찌할 바를 몰랐다. 다행히 귀가하는 막내를 불러서 도와달라고 했다. 아이가 몇 번 만지더니 순식간에 인터넷이 원상 복구되었다.

아이가 몇 분이면 해결하는 문제가 나에게는 왜 그렇게 어렵고 당황스러운 일이었는지. 늙어서 스스로 문제를 해결하는 능력은 떨어지고 남의 돌봄의 손길만 기다리는 노년이 될 거라 생각하면 그리 유쾌하지 않다. 이 일을 계기로, 의식주를 살피고 건강을 챙기는 것만이 돌봄이 아니라는 생각이 들었다.

독일 철학자 하이데거는 돌봄이란 '궁극적으로 염려가 없게 하는 것'이라 했다. 과거에는 의식주에 대한 염려가 없는 것이 최우선의 가치였을 것이다. 그러나 이제는 생존의 가치를 넘어 염려가 없게 나 자신을 살피는 것, 나에게 필요한 문제를 스스로 해결하는 능력을 갖추는 것, 이런 것까지도 진정한 자기돌봄의 영역일 것이다.

만약에 혼자 살게 된다면

예전에는 부부가 해로하는 것을 미덕이라 생각했었다지 만 지금의 실정과는 맞지 않다. 혼자 사는 것이 자연스러 운 세상이 되었다. 통계에 따르면, 1인 가구 세대수가 1,000만을 넘어선 시대에 전국에서 혼자 사는 40세 이상 중장년층은 680만 명이며, 그중에서 60대가 가장 많다고 한다. 이처럼 비혼이나 사별 또는 이혼 등으로 1인 가구가 늘어남과 동시에, 고령화 인구가 늘어나는 중이다. 물론 사 회로부터 소외된 독거노인 등 사회적인 문제가 대두되기 도 하지만 이제 1인 가구는 새로운 문화로 인식할 필요가 있다.

10년 전, 부인과의 성격 차이를 이기지 못하고 이혼했던 지인은 처음에는 이혼남이라는 사회적 시선과 자책감으로 힘든 시간을 보냈다. 하지만 시간이 지나면서 자신에게 잘 적응해 가고 있다. 가끔 동네 마트에서 마주치면 처음에는 바구니를 든 자기 모습이 부끄러운지 쭈뼛쭈뼛하다 어느새 사라져 버리곤 했는데, 요즘은 반갑게 인사를 나누고 장 보러 오셨냐고 먼저 인사를 건네기도 한다. 자신만의 삶을 사는 모습이 아주 편안해 보인다.

큰아이가 다니던 대학교 근처는 1인 가구가 특히 많은 동네다. 학생뿐 아니라 젊은 직장인들도 많다. 그 동네 마트에 간 적이 있었는데, 특히 눈길을 끌었던 것은 1인 용품이 많고 다양하다는 점이었다. 1인용 전기밥솥이나 전기쿠커, 미니 건조기, 작은 핸드 청소기, 냄비나 그릇들도 작은 사이즈가 많았다. 야채나 과일도 소분해서 아주 조금씩 담아 놓았다. 세제나 휴지 등 생필품도 대형마트와는 다르게 작게 포장되어 있었다. 음식도 1인분씩 포장해서 팔았다. 혼자 사는 사람들을 위한 마트의 기발한 판매 전략에 감탄하며 흥미롭게 구경했다.

요즘 세상은 살기에 점점 편리해지고 있다. 혼자서도, 늙어서도 살기 편한 세상으로 진화되어 간다. 노년에 배우자의 갑작스러운 죽음을 맞이하게 될 수도 있고, 이혼이나 졸혼을 맞이하게 될 수도 있다. 어떤 이유이든 우리가 혼자 살아갈 노년의 시간은 분명 길어질 것이다.

먼 친척 아주머니 부부는 누가 봐도 잉꼬부부였다. 늘어서도 저렇게 다정하게 사실까 하며 부러워하는 사람들도 많았다. 그런데 남편분이 코로나 후유증으로 갑작스럽게 돌아가셨다. 남편의 죽음은 아주머니뿐만 아니고 자녀들 또한 받아들이기가 힘들었다. 남편과 의지하며 평생 살아온 아주머니에게 혼자 살게 되는 세상은 너무 낯설고 두려울 것이다. 아주머니는 아직도 70대시니 아마도 한 20년 정도를 혼자 사셔야 할 것이다. 걱정스런 마음에 안부 전화를 드리면 어려운 시간을 지나 지금은 조금씩 혼자 남게 된 삶에 적응해 가고 계신다고 한다.

친한 지인은 얼마 전 친정 어머니에게 새 집을 마련해 드렸다. 평생 시어머니를 모시고 남편 수발을 들면서 살아온 어머니였다. 아픈 남편이 먼저 돌아가신 후에도 연로하신 시어머니를 혼자서 오래 모셨다. 96세 시어머님이 돌아가신 후에야 드디어 오랜 노노(老老)케어에서 해방되었다. 75세가 되어서야 처음으로 독립적인 인생을 살게 된 것이다. 내 집을 가져본 적이 없었던 어머님은 새 집에서 마치 신혼살림을 차리듯 설레어 기뻐하셨다고 했다. 지인은 늦은 나이에도 혼자만의 새로운 생활을 즐기며, 독립하려고 애쓰는 어머님의 모습이 보기 좋다고 했다.

언젠가 내가 혼자 살게 되면 어떻게 해야 할까? 늙어서 혼자 살게 될 수도 있으므로, 혼자만의 삶을 받아들이는 마음의 여유를 가져야겠다. 외롭지 않게 취미 활동이나 여가를 즐길 수 있는 여건을 만들고, 의식주를 간편하게 해결하도록 쇼핑과 교통이 편한 곳에 살고 싶다.

노인 전문가인 이호선 박사는 늙으면 백화점 주변이나 복지관 주변에 살라고 한다. 나도 그 말에 공감이 간다. 혼자가 되더라도 사회 제도적, 문화적인 혜택을 쉽게 받을 수 있는 그런 곳에서 살게 되면 좋겠다.

나이 들어가는 나를 사랑하기

얼마 전 남편과 공원에 놀러 간 적이 있다. 산책을 하는데 앞에서 공놀이하고 있던 어린아이 둘이 우리를 보더니 멈추면서,

"할아버지, 할머니 지나가시면 다시 하자."

이렇게 말하는 게 아닌가? 아이들 말이 그야말로 충격이었다.

"당신이 뒷짐을 짓고 걸으니까 할아버지 같잖아?"
"무슨 소리, 당신이 구부정하고 걸으니 그렇지."

남편과 나는 한참을 둘이 옥신각신했다. 아이들에게 노인으로 보인 이유에 대해 서로를 탓한 것이다. 아이들은 거짓말을 못 한다는 것을 알고 있기에 더 그 상황을 부정하고 싶었나 보다.

'노인'이라는 호칭이 왠지 싫어서 '액티브시니어'니, '신중년'이니, '로맨스그레이'니, 좀 더 멋진 이름을 찾아보기도 하지만 앞으로 5년에서 길어야 10년 안에 '노인'이라고 불리며 살아가게 될 것이다.

'머지않아 나도 노인이 되겠구나.' 하는 생각을 하면 그리 유쾌하지만은 않다. 몸은 50대 같이 활력이 넘치지는 않겠지만, 사고하는 능력은 지금과 다르지 않을 것 같다. 10년 후에도 지금과 같이 사회적인 활동이나 경제적인 활동을 할 것이며, 아마 노인처럼 보이기 싫어서 부단한 노력을 하며 살고 있을 것이다. 흰머리를 감추느라 열심히 염색하고, 젊은 감각의 옷을 입고, 어쩌면 주름살을 펴보리라 성형외과를 찾아갈지도 모르겠다.

올해, 만 65세가 되어 지하철 무료승차권을 신청할 수 있게 된 지인은 일부러 신청을 안 한다고 했다. 무료로 지하철이나 버스를 타면 자신이 진짜 노인이 된 것 같아서 아직은 교통비를 내고 싶다고 말한다. 왠지 내 마음도 그럴 것 같다.

'몸은 늙어도 마음은 아직 청춘이다.' 이 말은 자신의 늙음을 스스로 받아들이지 않으려고 애써 거부하고 있다는 뜻이 아닐까 싶다. 공자는 70세가 넘은 나이가 되어서 자신의 노쇠함을 깨닫고 탄식했다고 한다. 공자님 같은 성인도 자신의 노쇠함을 받아들이는 데는 꽤 오래 걸리셨으니 내게도 시간이 필요할 것이다. 내가 노인이 되어 가고 있음을 스스로 인지하는 것은 불행한 일이 아니다. 자신의 늙음을 깨닫고 그것을 인정하는 것은 중요하다. 신체적으로 노쇠해 가는 것을 받아들이는 것은 오히려 앞으로 더 약해질 나를 위해 다행일 것이다.

젊을 때는 운전을 직업으로 했고, 자타가 공인하는 베스트 드라이버로서 사고 한 번 없으셨던 친척 어르신께서 스스로 운전면허증을 반납하고 오셨다. 이제 80이 다 된 나이에는 운전하면 안 되겠다는 판단을 스스로 내리신 것이다. 당장 운전을 못 하면 불편하겠지만, 본인의 늙음을 인정하고 실천에 옮기는 그분의 결단력이 훌륭하다. 친척 동생은 늙어감을 스스로 인정하시는 아버지의 모습을 보고 안심이 되기도 했지만, 한편 마음이 서글프다고 했다.

어느새 나이 먹고 노인이 된다. 하지만 그것이 불행하다고 생각하지는 말아야지. 이제 나의 노쇠해짐을 알았으니 더 잘 늙어갈 계획을 세워야겠다.

끊임없이 변화하는 미래를 마주하며 그 세상 속에서 잘 늙어가야겠다. 뒤처져서 불행하다고 느껴지지 않게 나를 잘 돌보며 건강한 노년이 되도록 해야지. 이러한 노력이 앞으로의 삶을 더 풍요롭게 할 것이라고 믿는다. 이제부터 나이 들어가는 나의 모습을 더 사랑하기로 했다.

제5부

노후대책도 입시 전략처럼

아이들을 가르칠 때, 많은 고민을 하며 효과적인
방법을 모색했다. 나름대로 입시 전략도 세워서 좋은
결과를 기대하려고 노력했다. 이번에는 내 차례다.
나의 노후에 대한 계획과 실천에 있어서도
자녀를 키운 방법들을 써야겠다.
아이들을 위해 세웠던 입시 전략을 지금의 나에게도
적용해 본다. 실패 없는 노년을 위해, 성공적인 노년을
위해 그때의 노하우를 통해 새로운 해법을 찾아야겠다.
노후 대책을 세우고 실천하는 지금의 나에게 입시 전략
처럼 잘 짜여진 노후 전략을 실행해 갈 것이다.

노후대책

1

~~~~~~~~~

내 재능 발견하는 법

친정 엄마가 나에게 바란 꿈

나의 학창 시절, 어느 대학을 나와 무슨 일을 하면 좋을지 진로를 고민할 때가 떠오른다. 엄마는 내게 "네가 선생님이 되면 좋겠어."라고 하셨다. 하지만 나는 선생님이라는 직업에 별 매력을 못 느꼈다. "그런 거 말고 내가 하고 싶은 다른 공부를 하겠어요."라고 고집을 부렸다. 결국 엄마가 권하는 교직의 길은 가지 않았다. 엄마 자신의 꿈이 선생님이었다는 것을 내가 모르고 있던 것은 아니다. 자신의 꿈을 이루지 못해서 자식에게 선생님이 되라고 하신 것은 아니었다는 것도 알고 있었다.

살면서 때로 안정적인 직장이 부럽거나 세상 사는 것이 마음대로 되지 않을 때면, 그때 엄마의 조언을 들었으면 어땠을까 하는 후회가 들기도 한다. 그때 나는 요즘처럼 교직이나 공무원을 이렇게 선호하는 세상이 될 줄은 미처 몰랐다. 선생님이 됐으면 퇴직 후에도 노후 걱정 없이 연금 받는 인생을 살 수 있었을 텐데 하는 아쉬운 마음이 들기도 한다. 친정 엄마가 다가올 미래가 어떤 사회가 될 것이고, 어떤 직업이 유망 직업이 될지 전망할 만한 통찰력을 갖고 계셨던 것은 아닐 것이다. 다만 자식이 살아가는데 안정적인 직업이 필요하다고 생각하셨던 것 같다.

나 역시 아이들이 높은 연봉에 안정적인 직업을 갖고 살았으면 좋겠다는 생각을 한 적이 있다. 그러다 아이가 원하는 행복한 직업이 가장 중요하다는 생각을 했다.

이제 노년을 준비하는 나에게 정말 필요한 직업은 무엇일까? 내가 잘할 수 있고, 행복해 질 수 있는 일에는 무엇이 있을까? 짧지 않은 시간을 살아 온 경험을 살리면서 나를 성찰하다보면 나에게 맞고 나를 행복하게 하는 일을 찾아낼 수 있을 것이다.

나이 들어 찾은 나의 재능

　세 아이가 가지고 있는 재능을 발견했던 것처럼, 나이 들면서 나의 새로운 재능을 발견했다. 바로, 아이들을 가르치는 일. 그것은 나의 적성과도 맞고 내가 하고 싶은 일이기도 했다. 이제 생각하니, 선생님이 되라고 하셨던 나의 엄마는 일찍이 내 적성을 알고 계셨던 게 아닐까.

　일단은 강사가 되기 위한 자격증을 먼저 따기로 했다. 여성인력센터에서 언어 순화 지도사, 분노 조절 지도사, 자기 주도 학습 지도사 등 아이들을 가르치기 위한 자격증을 하나, 둘 따기 시작했다. 인성 강사가 되기 위해 준비하는 동안 아동 미술 지도사랑 노인 미술 지도사 공부도 했다.

　미술은 어린 시절부터 내가 좋아하던 분야다. 학창 시절 한때 미대가 가고 싶었지만, 집안의 사정을 잘 알고 있었던 나는 미대의 꿈을 마음 속에 접어 두고, 의상학과에 지원했다. 그 시절 의상학과는 미술 학원에 다니지 않아도 지원할 수 있었기에 선택한 것이다. 항상 미술을 하고 싶었던 꿈이 노인들에게 미술을 가르치는 일을 하며 이루어질 줄이야.

초등학생, 중학생에게 인성 강의를 하던 중에 우연히 신중년 강사를 할 기회가 생겼다. 마침 내가 속해 있던 강사 협회에서 신중년 사업을 시작한 것이 계기였다. 강사 지원 조건이 만 50세 이상이었는데, 소속된 강사들은 대부분 젊은 나이라 자격 조건이 안 되었다. 50세가 넘은 나에게만 찾아온 기회였다.

아, 나이 들었기에 주어지는 기회도 있구나!

우리 아이들을 교육하며 쌓은 실력과 친정 할머니, 시어머니를 모셨던 경험, 가게를 운영하며 쌓았던 나이 많은 고객들과의 소통 경험을 살렸다. 노인의 마음을 잘 이해하는 신중년 강사가 될 수 있겠다는 생각에 여러 개의 노인 관련 강사 자격증을 더 따서 노인들에게도 강의하고 있다. 가르치는 것에 대한 기쁨과 보람도 느끼고, 이제는 드디어 내가 하고 싶고 원하는 일을 한다는 생각에 하루하루가 더 즐겁다.

초등학교에서 드디어 첫 강의를 하게 됐을 때였다. 우리 아이들은 자기들의 일인 양, 신이 나서 야단법석이었다. 첫째 아이는 이 옷 저 옷 강사처럼 보이는 옷을 골라 주고, 둘째는 PPT를 점검해 주고 강사처럼 말하는 법도 알려 주었다. 막내는 강의 영상을 찍어서 돌려보며 연습을 도와주었다. 예전에 엄마가 자기들을 응원했던 것처럼 지금은 아이들이 엄마의 새로운 인생을 응원하고 있다.

돌봄 전문가 되기

여기저기 노인 강사로 활동하면서 노인 전문가로 더 역량을 쌓고 싶어졌다. 나의 노후와 나의 돌봄에 대한 숙제의 답을 얻고 싶다는 생각도 있었다. 그래서 대학원에 진학하여 생애돌봄 석사학위를 받았다.

강사 일을 하게 되면서 오랜만에 만나는 나의 친구들은 예전과는 다르게 내 모습에 활기가 넘치고 행복해 보인다고 한다. 강의를 할 때면 나의 이야기를 듣고 공감해 주는 이들을 통해 도리어 내가 행복과 보람을 더 느끼고 있다.

새로운 나의 직업이 생기고, 드디어 내가 원하고, 하고 싶었던 일을 한다는 것은 엄마라는 일과는 또 다른 행복감과 보람을 준다. 그 즐거움에 두 시간 넘는 거리를 달려가 적은 강사료를 받아도 힘들지 않다.

나만을 위한 새로운 인생을 준비하는 지금의 시간은 여지까지 아이들을 위해 일하거나 생계를 위해 일했던 것과는 전혀 다른 설레임으로 다가온다. 하루하루가 즐겁고, 기대되고, 하고 싶은 일들이 자꾸자꾸 생겨난다. 새로운 나의 꿈을 찾아서 한 걸음 한 걸음 나아가고 있다.

　어려서부터 아이들의 재능을 발견하려고 애쓰던 나의 모습이 떠오른다. 아이의 재능을 발견하고 그것을 키워 주려고 했던 것처럼 나의 재능을 발견하고 그것을 키워 나가고 싶다. 이제 나의 재능을 찾았으니 그것을 나의 특기로, 전공으로 발전시키려 한다

꽃수 놓는 재미에 빠지다

나이 들면서 꽃이 너무 좋아진다. 꽃집을 지나가다 발길을 멈추고 한참 꽃을 구경하기도 한다. 산책하다가도 이름 모를 꽃에 마음을 뺏겨 사진을 찍곤 한다. '엄마의 프로필 사진은 왜 꽃밭일까?'라는 노래 제목이 있다. 그 가사 말이 내 얘기인 것 같아서 너무나 마음에 와닿는다.

어려서부터 바느질을 좋아하던 나는 수예를 배우고 싶었다. 그래서 인터넷을 뒤져서 수예 공방을 찾았고, 그곳에서 기초부터 차근차근 수예를 배우기 시작했다.

수를 놓고 있으면 마음이 차분해지고, 복잡한 머릿속이 정리되는 것 같다. 작품을 완성할 때마다 느껴지는 성취감에 행복해진다. 내가 특히 좋아하는 것은 야생화 자수이다. 야생화 자수는 동양 자수처럼 화려하지도 않고 서양 자수처럼 다양하지도 않지만, 잔잔하고 은은한 아름다움이 있다.

수예는 꽃과 그림을 좋아하는 나에게 적합한 취미이다. 천 위에 꽃 한 송이를 한 땀 한 땀 피워내는 시간은 더없는 치유의 시간이다. 바쁘게 살아오며 잃어버렸던 나를 다시 피워 내는 그런 기분이다. 정성 들여 만든 것을 친구에게 선물하는 즐거움도 크다.

70세가 넘으신 수예 선생님은 작은 소도시 구청에서 공무원으로 일하시다 정년퇴직하셨다. 퇴직하기 몇 년 전부터 퇴직 후에는 무엇을 할까 고민했다고 한다. 공무원이 본인이 하고 싶었던 직업은 아니었다. 그 시절 그만한 직업은 없다던 어머니의 제안으로 공무원 생활을 시작했다고 한다.

선생님은 퇴직 후에 무엇을 할까 오랜 고민 끝에 '수예'를 선택했다고 한다. 어려서부터 손재주가 남달랐고, 바느질에 소질이 있었기 때문이다. 한번은 '수만 놓고 살고 싶다'는 생각을 한 적이 있을 정도로 바느질을 좋아하신다. 퇴직 후 모아 놓은 돈으로 본격적으로 수예를 배웠다. 동양 자수, 프랑스 자수, 우리나라 전통 자수까지. 그 연세에도 자신이 하고 싶었던 일이라 전혀 힘들지 않았단다. 누구보다도 열심히 배우고 자격증까지 땄지만, 그것으로 만족하지 못했다.

선생님은 드디어 용기를 내어 작은 공방을 얻었다. 그리고 본격적으로 수예를 가르치는 선생님이 되었다. 70세가 훌쩍 넘은 지금도 좋은 도안을 그리기 위해 그림 공부를 하고 계신다. 여기저기 문화센터 수예 교실 강사로 초청되기도 하고, SNS에 작품도 열심히 올리신다.

"이 나이에 내가 좋아하는 것도 실컷 하고 돈도 버니 얼마나 좋아!"

나도 더 나이 들면 수예 선생님처럼 살고 싶다.

취미가 일이 되었으면

내가 자주 가는 곳 옆에 큰 빌딩이 있다. 그 빌딩에는 24시간 교대로 근무하는 경비 아저씨가 있는데 오가다 보니 인사를 자주 나누게 되었다. 70세를 넘으신 나이에도 항상 웃는 얼굴로 사람들에게 친절한 경비 아저씨 모습에 기분이 좋아진다. '어느 직장에서 정년퇴직하고, 그 나이에 다른 일은 할 수 없으니 경비 일을 하시나 보다.' 하고 생각했다. 우연한 기회에 경비아저씨의 이야기를 듣고 깜짝 놀랐다. 기업에서 임원까지 했었고 자기 건물도 있다는 것이다. 경비 아저씨는 "일한다는 사실에 감사하고, 일하는 것이 항상 즐겁다."라고 하셨다.

노년이 되어서 자신의 재능을 발견하고 두각을 나타내는 사람들도 많다. 세계적인 미술 작가인 로즈 와일리는 76세가 되어서야 신예 작가로 알려졌고, 80세에 세계적인 작가가 되었다. 그녀의 작품은 아주 신선하고 경쾌해서 80대 작가의 작품이라고 하기엔 놀라울 정도다. 올해 나이가 89세인데 우리나라에서도 전시회를 열었다. 일본의 사진 작가 니시모토 키미코는 70대부터 사진을 배우기 시작했다는데 현재 95세이다. 노인의 상상력에 감탄하게 하는 역동적이고 위트 넘치는 작품으로 젊은이들처럼 SNS에서도 유명하다.

지금까지 나는 아이들을 유심히 지켜보다 '바로 이거다.'라는 확신이 생기면 아이에게 날개를 달아 주는 역할을 했다. 아이들에게 항상 자신이 좋아하는 일을 찾고, 하고 싶은 일을 하면서 살라고 얘기했다. 아이들에게 그랬었던 것처럼 이제 나에게도 그렇게 말하고 있다. '이제는 즐거운 일만 하자.', '하고 싶은 일만 하자.'

더 이른 나이부터 나를 위해 살았더라면, 내가 좋아하는 일을 했더라면 어땠을까 하는 아쉬움도 있다. 하지만 지금의 내가 앞으로의 내 인생에서 가장 젊다. 지금부터 어떤 일을 시작해도 가능하다.

취미가 나의 일이 되면 좋겠다. 수예 선생님처럼, 경비 아저씨처럼 나이 들어서 즐거운 일을 취미처럼 할 수 있으면 좋겠다.

노후대책

2

~~~~~~~~~~~

나만의 경제력 갖는 방법

연금 부부가 부러워

　부부 교사로 근무하다 정년퇴지한 친구의 부모님은 80세가 되어도 먹고 사는데 걱정이 없으시다. 두 분이 합쳐 받는 연금이 두 분이 쓰시기에 충분하며, 서울의 40평이 넘는 아파트에 거주한다. 연금을 받은 지 20년이 되어 가는 그분들의 생활은 다른 노인들에 비해 비교적 여유롭다. 노화로 종종 아픈 곳은 있지만, 크게 병원비 걱정은 없다. 아직도 건강하신 편이니 죽을 때까지 연금을 받으며 잘 살 수 있을 것이다. 이분들은 노후에 가장 부러운 '연금 부부'이다.

　80대인 지인의 어머니는 평범한 주부로 평생을 살다가 남편이 죽은 후부터 10년 넘게 자식들에게서 매달 받는 생활비로 생활한다. 다행히 자식들 형편이 나쁘지 않아 부족하지 않게 생활비를 드리는 편이라, 크게 여유는 없어도 먹고 사는 걱정은 하지 않는다. 하지만 주된 수입원이 자식들이 주는 생활비라는 게 그리 편안하지만은 않다. 자식에게 미안한 마음에 어머니는 보통 집에만 계시고, 사회적인 활동도 잘 안 하신다.

동네에서 잘 알고 지내는 70대 후반인 노인 부부는 평생 경제적으로 여유 없이 살았다. 당연히 준비된 연금도 없고, 자식들의 형편도 그리 좋은 편이 아니라 자식에게서 경제적인 도움을 거의 받지 못한다. 이런저런 이유로 80이 다되어가는데 은퇴는 생각도 못 한 채, 아직도 경제 활동을 하고 있다. 부인은 시장에서 장사를 하고, 남편은 가끔 있는 소일거리로 돈을 벌고 있다. 하지만 두 노인이 근근이 하는 일의 대가는 얼마 되지 않는다. 나라에서 나오는 노령 연금을 두 부부가 받고 있지만, 높은 물가를 고려할 때 생계비는 턱없이 모자란다.

준비되지 않은 노후를 맞는다는 것은 암담한 일이 아닐 수 없다. 연금을 받는 노후가 부럽기만 하다. 남편과 나는 평생 직장 생활을 하지 않았고, 자영업을 했으니 연금을 받을 일이 없다. 그나마 사업을 하면서 열심히 들어 놓은 여러 보험이 노후에 아플 때를 생각하면 위로가 된다. 연금이 준비되지 않았으니 앞으로 다가올 노후를 위해 더 많은 계획이 필요하게 되었다.

빈털터리 통장

우리가 운영했던 식당은 계속되는 불황을 견디지 못하고 일 년이 넘도록 마이너스였다. 결국 만 10년 간 운영하던 식당 문을 닫았을 때, 우리에게 남은 것은 빈털터리 통장뿐이었다. 마지막 남은 직원 한 명의 퇴직금은 빚을 얻어서 주었다. 나의 청춘을 다 바쳐서 일했는데 허무하기 짝이 없었다. 다행히 아이들이 좋은 대학에 갔으니 그것만으로도 괜찮다고 스스로를 애써 위로했다. 노후를 위해 저축해야 했지만 그럴 여유도 없었고, 노후를 심각하게 생각하지 않았다. 노후는 그저 먼 나라 얘기였다.

돈은 모을 틈도 없이 밑 빠진 독에 물 붓는 것처럼, 버는 족족 다 빠져나가곤 했다. 결국 아이들 교육비로 우리의 노후를 가져다 쓴 것이었다. 열성 엄마로, 대학 잘 보낸 엄마로 남들은 나를 칭찬하며 부러워했지만, 마음속은 공허했고 미래에 대한 불안감이 엄습해 왔다. 내가 놓쳤던 그것, 그 후회스러운 부분, 그것은 바로 나의 노후였다.

세 아이를 키우며 정신없이 살다 보니 나의 노후는 미처 생각하지도 못했다. 평생 자영업을 했던 우리 부부. 남들처럼 직장에서 정년퇴직한 것이 아니니 퇴직금이 준비된 것도 아니고, 직장에서 받을 연금이 있는 것도 아니다. 국민연금이라고 해 봤자 그동안 내다 못 내다 하는 바람에 몇 푼 되지 않는다. 재테크에 무지했던 우리 부부는 부동산이니 주식이니 투자라는 것은 할 엄두도 못냈다. 하루하루를 걱정하지 않아도 되는 것만으로도 다행인 그저 평범한 중년이었다.

거리에서 박스를 잔뜩 싣고 가는 어느 노인의 뒷모습에 애처로운 마음이 들고, '나의 노후는 안녕할까?' 하는 질문을 한다. 노년이 되어서도 계속 일을 하면서 살아야만 하는가 하는 부담도 있다.

노후 준비가 안 되어 있다는 사실은 나를 항상 불안하게 만들었다. 지금부터라도 빨리 노후를 준비해야 한다는 조급한 생각에 마음이 바빠졌다. 자기돌봄에 있어서 경제력은 가장 중요한 부분이 아닐 수 없다.

다른 사람들에 비해서는 다소 늦었지만 지금부터 연금을

들었다. 저축도 하고, 노후에 필요한 보험도 들어서 무리하지 않는 선에서 실현 가능한 일들을 차근차근 준비하고 있다.

교육과 노후 준비는 모두 긴 시간을 필요로 한다. 아이들을 가르치느라고 많은 사교육비를 부담하며 통장이 빈털터리가 되어가는 30~40대 부모가 있다면, 아이들 교육처럼 중요한 자신의 노후도 함께 준비하라고 당부하고 싶다. 교육이 끝났을 때 맞닥뜨릴 나의 노후에 조급해지지 않도록 한 살이라도 젊은 지금, 아이의 교육과 함께 나의 노후를 준비해야 한다.

나만의 경제력 갖기

아이들을 키우면서 아이들의 교육비를 언제까지 부모가 책임져야 하는가의 문제를 고민했다.

"대학에 보냈으니 등록금은 너희가 알아서 벌어."

이렇게 냉정하게 말할 수는 없었다. 아이들에게 강요하기에는 무리가 있다고 생각했기 때문이다. 현실은 아이들이 돈 벌기에 녹록하지 않다. 아이들이 대학에 입학할 때, 입학금과 첫 등록금은 내주었다. 학교에 다니면서 아이들은 이런 부모의 부담을 알았는지 아르바이트도 하고. 장학금도 받으며 부모의 부담을 덜어 주려 애쓰곤 했다. 가끔은 자신들이 등록금을 해결하겠다고 학생 대출을 받았고, 취업 후에 그것을 갚아 나갔다.

아이들이 졸업하면서 나에게도 조금은 여유가 생기기 시작했다. 아이들이 등록금을 스스로 해결하면 남은 돈을 저금했다. 얼마 안 되지만 강의료가 생기면 그것도 통장으로 저금했다.

큰아이 친구 아버지가 갑자기 뇌출혈로 쓰러져 돌아가셨다. 평범한 주부로 살다가 느닷없이 남편의 죽음을 맞게 된 친구 엄마는 50대였지만 그때까지 사회 활동을 해 본 적도 없다고 한다. 경제적으로도, 정신적으로도 나약해져서 할 수 있는 일이 없는 것이다. 사회에 맞서 살아야 하는 용기도, 자신도 없어서 모든 것을 딸에게만 의지하게 되었다고 한다. 직장을 다니던 큰아이 친구는 졸지에 엄마의 생계까지 책임져야 하는 가장이 되었다. 자기 친구의 처지를 안타까워하는 큰아이와 함께 노후 준비가 안 된 중년 여성이 겪을 일에 대해 이야기를 나누었다.

옛날처럼 자식의 효도를 받으며 놀고먹는 노후는 이제는 없다. 남편의 수입에만 의존해서 주부로만 사는 세상을 기대해서도 안 된다. 남편이 은퇴하는 날, 나의 수입도 같이 끊기기 때문이다. 남편에게 기대지 않고 긴 노후를 살아 내기 위한 자력이 필요하다.

의도치 않게 혼자가 되었을 때, 급하게 돈이 필요한 상황이 되었을 때, 또는 긴 노후를 대비해서도 나만의 통장은 필요하다. 내 통장은 나이 들어가는 나를 스스로 돌보는 자기 돌봄의 실천이다. 남편이나 가족의 이름이 아닌, 나의 이름으로 된 자산을 가지는 것은 내가 나의 삶을 주관하고 경영한다는 점에서 큰 의미가 있다.

나를 위한 플렉스!

어느 날 대학생이 된 막내가 아르바이트한 돈을 모아서 샀다며 나에게 커다란 선물 박스를 내놓았다. 그것은 꽤 비싼 가방이었다. 명품백은 아니었지만, 아이가 사기에는 너무 비싼 그런 백이었다. 무슨 돈으로 샀냐고 내가 놀라서 물으니까 몇 달이나 아르바이트 한 돈을 모았다고 하는 게 아닌가? 그리고 무심한 듯 작은 소리로 이렇게 말했다.

"엄마는 좋은 백 하나도 없잖아. 이제부터 이 예쁜 백 메고 좋은 데만 다녀요."

아이의 마음이 너무 고마워서 눈물이 났다. 철없는 아이인 줄 알았는데 엄마를 지켜보며 마음을 이토록 쓰고 있었구나.

 *그래 이제 나도 아이가 원하는 것처럼 힘든 엄마가 아니고
재밌게 노는 엄마가 되어야겠다.*

 얼마 전에는 처음으로 나 혼자 여행을 갔다. TV 홈쇼핑
에서 결제를 한 저렴한 여행이었지만, 가족여행이나 남편
과의 여행과는 다른 새로운 설레임에 잠을 못잤다. 처음으
로 '올리브O'이 아닌 백화점에서 '샤O' 립스틱을 샀다. 비
슷한 색깔의 립스틱이건만 바를 때마다 기분이 왠지 좋아
졌다. '이제 나를 위한 플렉스를 하며 살아야지.'
 내가 경제적으로 독립할 수 있다는 것은 이제는 부모로
서 독립이자, 남편으로부터의 정신적 자립이다. 소소하더라
도 나만의 경제력을 갖는 것은 나이 들어가는 나에게 새로
운 힘이 될 것이다. 아이들이 대학을 졸업했을 때 취업하고
경제적 독립을 바랐던 것처럼, 이제는 나의 경제적 독립을
바란다.

늙어서도 할 수 있는 일 찾기

살면서 많은 일을 했다. 나이가 들어가니 점점 힘든 일을 할 자신이 없어진다. 그래도 나와 남편은 건강이 허락하는 동안은 일을 더 하기로 했다. 나이 들어도 계속할 수 있는 일은 무엇이 있을까? 자영업을 한다는 것의 이점은 은퇴를 자기 마음대로 조절할 수 있다는 것이다. 건강만 허락한다면 70세 중반까지는 가능하지 않을까? 지금부터 20년을 더 일하며, 남은 20년을 준비해 나가려 한다.

나이가 들어가면서 선택할 수 있는 일은 줄어들겠지만, 이제는 아이들 교육이나 주택 문제 등으로 크게 목돈이 들어갈 일이 없는 나이라 그나마 다행이다. 쌓아온 경험을 잘 살려서 강사 일과 병행하며 나이 들어도 무리 없이 지속할 수 있는 일을 찾아보았다. 많은 노동이 필요하지 않은 사업을 하는 게 좋지 않을까. 예를 들면 무인 상점이나 장소를 대여하는 공간 대여업 등 말이다.

음악을 하는 막내는 가끔 음악 연습실에 가서 연습하곤 했다. 따라가 보기도 하고 관심을 가지고 보니까 이런 연습실은 내가 충분히 할 만하다고 생각했다. 특히 관리하는 데 많은 노동이나 시간이 필요하지 않으므로 나이 들어서 하기에 적절해 보였다. 무엇보다도 연습실 운영은 내가 해 오던 다른 일들을 병행하는 데 무리가 없다는 점이 매력적이었다. 음악을 하는 아이에게 많은 조언도 받을 수 있으니 나에게 잘 맞는 일을 찾은 것 같았다. 연습실 운영을 통해 혼자서도 노후의 자기돌봄을 잘할 수 있겠다는 자신감이 생기기 시작했다.

노년에는 적은 노동으로도 돈이 들어오는 일을 찾는 것은 무엇보다도 중요하다. 나이 들어서도 계속 신체적으로 건강하리라는 보장이 없기 때문이다.

노후대책

3

나의 건강을 챙기는 법

병원과 친해지기

요즘 나는 병원하고 친하게 지내고 있다. 몸에 조금만 이상이 느껴지면 바로 병원을 찾는다. 허리가 아프거나 조금 불편하면 정형외과로 달려가 물리치료를 받는다. 몇 번의 치료만 받아도 증상이 훨씬 좋아진다. 2년에 한 번씩은 건강 검진을 꼭 받는다. 최근 들어 위장과 대장에 용종이 한두 개씩 생겨나고 있어 관리에 더 신경을 쓰고 있다. 오랫동안 당뇨가 있었기 때문에 안과 검진을 정기적으로 하고 있다. 오랫동안 방치했던 치과 치료도 시작했다. 혹시 마음이 아프면 전문적인 상담 치료도 필요하다고 생각한다.

그런 나를 보고 남편은 "종합병원이야?" 하고 놀리지만, 병원에 안 가야 건강하다는 말은 틀린 것 같다. 나의 건강에 관심을 가지고 건강 관리나 질병을 예방하는 차원으로 병원을 가까이하는 것도 나쁘지 않다. 나의 몸을 잘 관리하는 것이 나를 사랑하는 것이라고 생각한다. 그래서 나는 병원 다니기를 어려워하지 않기로 했다. 병원하고 친하게 지내는 게 나의 건강 관리 방법의 하나다.

때로는 내가 건강에 대한 염려가 지나친 것은 아닐까 싶기도 하다. 하지만 병원과 친하게 지낸다는 것은 나를 아끼고 나의 몸과 마음에 관심을 갖고 살피는 가장 기본적인 일이다. 아프고 나서 다시 건강해지려고 애쓰기보다는 아프기 전에 대비하는 게 나을 것이다.

50살 버릇 100살까지 가게 하기

동부간선도로를 가다 보면 파크골프장에서 골프를 즐기는 사람들이 눈에 많이 띈다. 파크골프장 이용은 지역 주민을 우선으로 해서 그 근처로 이사 오는 사람도 있다고 한다. 파크골프는 말 그대로 공원과 골프가 합쳐진 스포츠이다. 시·군 마다 파크골프장을 설치하여 동네 주민들이 함께 운동을 즐길 수 있다. 한 개의 클럽을 사용하고, 골프장의 거리도 짧고, 비용도 아주 저렴하다는 장점이 있어 중년과 노년들에게 적합한 운동이라고 할 수 있다. 함께하는 스포츠라서 친목 도모에 좋다. 나도 좀 더 나이 들면 해 보고 싶은 운동이기도 해서 관심이 간다.

남편은 친구들과 당구를 가끔 치러 다닌다. 그런데 요즘 당구장에 노인들이 아주 많다고 한다. 그중에 70세 할머니한 분이 계시는데, 레슨까지 받아 가며 너무 열심히 당구를 배운다고 했다. 할머니가 당구를 치는 것에 호기심이 발동한 남편이 "왜 당구를 배우세요?" 하고 여쭤봤더니, 그 할머니는 곧 실버타운에 들어갈 계획인데, 가고 싶은 실버타운에 당구 클럽이 있어서 미리 배운다고 했단다. 당구도 스포츠이니 게임을 하면서 사람들과 어울릴 수 있고, 노년에 즐거운 여가 생활이 되기 때문이다. 자신의 노후 계획을 세우고 미리 준비하는 그런 분이었다. 구체적인 목표를 세우고 그것을 위해 한 단계씩 계획에 옮기는 그분은 자기돌봄을 잘 준비하고 계셨다.

50대에 건강을 어떻게 관리하느냐에 따라서 노후의 건강이 달려 있다고 말하는 전문가들이 많다. 이미 나도 너무 잘알고 있는데, 사실 그때뿐이다. 어제는 너무 피곤하여, 오늘은 또 다른 바쁜 일 때문에, '내일부터 운동해야지. 괜찮아.' 하며 나태하게 보내는 시간이 많다.

산책로가 잘 갖춰져 있다면 산책하면서 운동을 하는 것도 좋을 텐데 우리 집 근처는 마땅히 산책할만한 곳이 없다. 그런데 얼마 전 바로 집 앞에 헬스클럽이 문을 열었다. 그것도 최신 시설을 갖춘 어마어마한 규모다. 현관문만 나서면 헬스장이라니. 이것은 50대 후반까지 미루고 미루어 오던 건강 관리를 당장 해야 한다고 신이 주신 마지막 기회 같았다.

나와 남편은 의기투합하여 바로 달려가 그날로 등록하고 운동을 시작했다. 불암산 바로 밑에서 20년을 넘게 살았어도 등산 한 번 제대로 해 본 적 없다. 숨쉬기 운동이 전부였던 나인데 스스로 등록하고 운동하다니, 나 스스로 놀랄 정도다. 남편의 목표는 뱃살을 빼는 것, 나의 목표는 근력을 기르는 것이다. 하지만 가장 큰 목표는 운동을 생활 속의 습관으로 만드는 것이다.

요즘 우리 부부는 매일 저녁을 먹고 헬스장으로 향하는 게 일과가 되었다. 사실 너무 피곤할 때는 하루만 빠질까 하는 생각이 들기도 한다. 그럴 때면 '아예 하지 않는 거보다 30분이라도 하는 게 낫지.' 하며 다시금 나를 일으켜 세운다. 지금 하는 건강 관리가 늙음을 준비하는 것이다. 나이 들어도 건강한 노후를 보내기 위한 나의 건강 투자다. 이제부터 열심히 나의 몸을 돌보고 건강한 노년을 보내리라 굳게 결심했다.

3살 버릇 여든까지 간다고? 아니다. 이제는 50살 버릇 100살까지 가는 세상이다. 50대의 건강 관리가 나의 100세까지의 건강을 좌우할 것이다. 노후 건강은 지금의 내 노력에 달려있다. 지금부터 나를 살피고 나의 몸과 마음을 잘 관리하여 건강하게 100세 시대를 살아야 하겠다.

아이들이 선물해 준 스마트 링

　이유 없이 살이 계속 빠지고, 심장 박동이 밤낮없이 너무 빨리 뛰어서 아무래도 몸에 이상이 생긴 것 같았다. 병원에 갔더니 갑상선 항진증이라는 진단이 내려졌다. 몇 달 약을 먹으면서 증상이 많이 좋아지긴 했지만, 다 낫는 데는 시간이 꽤 걸린다고 했다.

　엄마의 건강이 염려되었는지 아이들이 내 생일에 '스마트 링'이라는 것을 선물해 주었다. 시계를 싫어하고 불편해하는 나에게 스마트 워치보다 나을 것 같다는 것이다. 편안하게 손가락에 반지만 끼고 있어도 맥박, 체온, 수면 시간 등 건강 정보가 확인된다. 반지에서 감지된 것들을 스마트폰 화면에서 확인할 수 있다. 매일 언제 어디서든 건강 체크를 할 수 있으니까 안도감이 든다. 이런 스마트 기기를 잘 활용하면 나이 들어서도 건강을 관리하는 데 아주 유용하리라. 나는 이제 손가락에 반지를 끼고, 건강을 체크하며 스마트한 기능을 누리는 스마트한 시니어가 되었다.

걸으면 돈을 준다는 앱도 깔았다. 걸을 때마다 적립금이 올라가는 재미가 솔솔하여 열심히 더 걷게 된다. 혈당 관리 앱, 다이어트 앱, 식단 관리 앱, 건강 검진 앱 등 건강을 위한 앱 뿐만 아니라, 아프거나 연로하신 노인들을 위한 장기 요양 앱, 위치 서비스 앱 등 많은 스마트한 기능을 활용하면 노년의 생활을 건강하고 편리하게 하는데 도움이 될 것이다.

노후대책

4

~~~~~~~~~~

나와 좋은 관계 유지하는 법

아이들에게 했던 것처럼 나를 돌보기

항상 밝고 자신감 넘치는 큰아이가 서울대학교에 입학하고 난 어느 날이었다. 뜬금없이 말했다.

"엄마, 나를 이렇게 자존감 높은 아이로 키워줘서 고마워요."

그러면서 오른팔이 불편한 것에 대해 어떤 열등감도, 부족함도 느끼지 못했다고 했다.

"엄마는 어떻게 나를 이렇게 자존감 높은 아이로 만들어놓은 거야?"

농담 섞인 귀여운 질문에 '내가 아이에게 과연 무엇을 잘했을까?' 새삼스럽게 생각해 보았다. 그래, 바로 그거였다. 나는 끊임없이 응원해 주었고 칭찬해 주었다. 그리고 내 아이에 대한 믿음! 엄마가 자신을 믿고 있다는 것만큼 아이에게 큰 힘이 되는 것은 없다. 엄마가 믿음을 가지고 아이를 지켜볼 때 아이는 흔들리지 않는다. 나는 단 한 번도 '내 아이는 잘할 수 있다. 어떤 역경도 이겨낼 것이다.'라는 그 믿음을 흔들려 본 적이 없다.

　엄마가 아이에 대한 긍정의 마음을 가지고 있으면 아이는 자신을 긍정적으로 생각하는 아이로 자란다. 엄마가 아이에 대한 믿음이 없으면 아이의 자아는 흔들리게 되고 결국 자존감 낮은 아이로 성장하게 된다. 아이를 인정해 주고 칭찬해야 한다. 친구나 선생님, 아니면 다른 사람에게 인정받는 것도 중요하지만, 특히 어린 시절에는 부모로부터 인정받는 것이 가장 중요하다.

　아이들에게 작은 일에도 감동하고, 때로는 과장되게 칭찬했다. 점수가 낮아도, 실수해도 새로운 다른 것을 찾아 칭찬해 주었다. 그리고 감탄하는 것에 인색하지 않았다. 항상 아이에게 격려와 응원을 아끼지 않았다. 아무리 힘들어도 할 수 있다고 용기를 주었다. 용기는 자존감을 키우는 데 무엇보다도 중요하다고 본다. 아무리 어려운 상황에 부딪히더라도 극복하는 힘이 될 것이라 믿었다. 이러한 엄마의 믿음이 아이들의 자존감을 키워주지 않았을까.

어느 유명 가수는 '우리는 세상이란 무대에선 모두 다 같은 아마추어야.'라고 노래했다. 그 말이 가슴 속에 와닿는다. 내가 맞이할 노년은 나의 인생에서 처음이다. 그래서 서툴고, 두렵고, 긴장되기도 하며, 희망과 절망 사이를 오가고 있다.

어쩌다 보니 50대가 되었고, 이제 중년을 지나 새로운 노년을 맞이하는 시점이다. 이제는 아이들에게 했던 것처럼 나를 칭찬할 것이다. 나에게 용기를 줄 것이다.

나에게 하는 위로, "정말 애썼어."

　아이들을 기르며 식당 일을 하던 시절은 경제적으로 많이 힘들었다. 세 아이의 교육비며, 식당 직원의 월급이며, 공과금과 세금은 왜 그리 많이 나오던지. 지출은 항상 우리가 감당하기 힘들 정도로 많았고 수입은 늘 모자랐다. 벌어도 벌어도 어느 틈에 다 사라져 버리는 돈이었다. 급한 지출이 생기면 할 수 없이 은행 대출도 받았다. 카드 대출을 받은 적도 있다. 대출을 갚는 날은 왜 그리도 빨리 돌아오는 건지.

　'아랫돌 빼서 윗돌 괸다.'라는 그 속담이 바로 내 얘기가 되었다. 월마다 말일이 돌아오면 종일 이 돈 저 돈 급한 지출을 메우느라 정신이 없었다. 어찌어찌 또 말일을 무사히 보내고 나면 나는 온몸에 기운이 다 빠져 버렸다.

그럴 때면 말할 수 없는 외로움과 무기력이 몰려왔다. 남편도, 아이들도 위로가 되지 않았다. 친정 엄마나 할머니가 살아 계셨다면 넋두리라도 실컷 했을 텐데. 아이들에게는 항상 넘치게 칭찬하고 격려를 아끼지 않았었는데 나에게는 아무도 칭찬해 주는 이도, 격려해 주는 이도 없었다. 그때는 누군가의 위로가 너무 필요했다. 그러다가 지친 나를 스스로 격려해 주었다.

"오늘도 고생했어. 이번 달도 무사히 보내느라 정말 애썼어."

나에게 던지는 단 한마디의 말에 이리도 힘이 날 줄이야. 자신에게 하는 칭찬과 격려가 이렇게 위로가 될 줄 몰랐다. 나를 잘 돌본다는 것은 나의 자존감을 챙기는 일이다. 그동안 자존감 높은 척을 하며 살았던 것은 아닐까? 낮은 나의 자존감을 아이를 통해 채우려 했던 것은 아닐까?

나도 자존감이 높은 사람이 되려 한다. 칭찬과 격려의 힘을 믿고, 나의 아이들에게도 그랬던 것처럼 이제는 나에게도 더 많은 칭찬과 격려를 아끼지 않을 것이다. 작은 일상에서의 칭찬, 소소한 것으로부터의 격려, 이제 나는 나를 더 위로하기로 했다.

그 실천으로, 아이들에게 그랬던 것처럼 이제는 나를 살피고 있다. 아이의 자존감을 키워주려고 했던 것처럼 나 스스로 자존감을 기르는 중이다. 나 자신에 칭찬과 격려를 아끼지 않고, 마음속의 나와 대화를 계속하며 나의 정서를 돌보는 자기돌봄을 실천하는 것이다. 나의 감정, 결핍, 아픔을 하나하나 살피고, 어루만지고 나를 위한 위로와 격려를 하고 있다. 하루 일과가 끝나면 나에게 희망과 기대를 담은 따뜻한 격려의 말을 한마디 건넨다.

"열심히 사느라 고생했어. 수고했어."

감정 일기 쓰기

내가 쓴 글을 읽어보며 나와 이런저런 얘기를 나누던 친구가 말했다.

"그런데 너는 아이들 얘기를 할 때는 아이들 표정, 생각, 아이들과 나눈 대화, 그날의 날씨 까지도 다 기억하면서 너의 이야기는 왜 그렇게 짧아?"

이 말을 듣고 내 이야기를 생각해 보았다. 그런데 이상하게도 내 마음에 관한 이야기는 잘 생각이 나지 않았다. 사는게 바빠서였을까? 아니면 나의 감정 따위는 다 괜찮다고 그냥 건너뛰기를 해 버려서였을까? 생각해보니 나의 인생에서 아이들은 있었는데 나 자신은 늘 생략되어 있었다. 아이들의 감정은 생생하게 살아서 느껴지는데 나의 감정은 잘 보이지 않았다. 아니, 애써 무시하고 있었다.

강사가 되어 분노 조절 강의를 할 때, "자신의 감정을 알아채는 법, 나의 감정의 상태를 아는 것만으로도 나의 분노는 조절됩니다."라고 학생들에게 강의했다. 그런데 정작 나는 나의 감정을 알아채지 못하고 있었던 것이다. 나의 마음을 모르지는 않았지만 그냥 나의 마음을 '생략'하고 있었다.

남편과 싸우고 밤새 속상해서 잠을 못잤던 날도 나는 식당 문을 열었고, 손님들에게 상냥하게 웃었다. 엄마가 돌아가시던 그날도 슬픔을 억지로 참으며 괜찮으려고 애썼다. 나의 감정, 마음을 생략했던 시간들이 떠올랐다.

친구의 말을 계기로 나의 마음을 더 이상 애써 모른 척하지 않는 중이다. 아이들의 마음과 감정의 소리를 들으려고 애썼던 그때처럼 나의 감정도 따뜻하고, 애틋한 마음으로 살피고, 늘 생략했던 뒷전의 나를 이제는 먼저 기억한다. 나의 마음 상태를 더 느끼고, 감정을 더 잘 들여다보는 중이다.

나를 위해 일기장을 하나 샀다. 그리고 감정 일기를 쓰기 시작했다.

' 오늘 나의 마음은 맑음이다!'

도전하는 나를 응원하기

대학생이 된 막내는 첫 번째 여름 방학을 맞이했을 때 원대한 계획을 세웠다. 그것은 바로 자전거를 타고 제주도를 종주하기! 대학생이 되어서 가장 하고 싶었던 것이 자전거 여행이라니. 그것도 혼자의 힘으로 말이다. 어려서부터 자전거 타는 걸 좋아했던 아이가 어른이 되며 시도하는 첫 번째 버킷 리스트였다.

아이는 자전거 여행을 준비하느라고 분주했다. 고3, 1년 동안 시간이 없어 못 타고 처박아 두었던 자전거를 꺼내서 손질하고, 자전거를 고치기 위해 공구를 사고, 동네 자전거 가게에서 자전거 수리하는 법, 타이어 펑크 나면 교체하는 법 등을 배우고 왔다. 학교 다니면서 아르바이트해서 모은 용돈을 아낌없이 자전거 여행에 쏟아부었다.

누구나 할 수 있는 별것 아닌 일일 수도 있지만, 아이에게는 큰 용기가 필요한 결정이었다고 본다. 남편과 나는 박수를 보냈다. 의욕 넘치는 스무 살을 응원하고 싶었고, 혼자 새로운 세상으로 나가는 아이의 용기를 응원하고 싶었다.

몇 년 전에 등산 동호회에서 잘 알고 지내던 분이 한 달 동안 해외 배낭여행을 간다고 했다. 그것도 혼자서, 휴양지도 아닌 오지 여행을 말이다. 그녀의 용감한 결정에 박수를 보냈지만 내심 걱정이 앞섰다. 키도 작고, 마르고 연약해 보이는 여자의 몸으로 보호자도 없이 혼자서 먼 길을 떠난다니, 나의 친언니였으면 안된다고 펄쩍 뛰었을 거다. 이따금 SNS로 전해 오는 사진을 보며 안전하고 평화로운 여행이 되길 바랐다.

그녀는 무사히 여행을 마치고 돌아왔다. 그리고 그제야 왜 여행을 떠나게 되었는지 들을 수 있었다. 갱년기를 겪고 있었고, 자신의 버킷 리스트였던 오지 여행은 폐경 기념으로 자신에게 주는 상이라고 했다. 처음으로 나를 찾아 떠난 용감한 그녀에게 존경스러운 마음이 들었다. 나는 그분을 보며 나의 소중함, 나를 사랑해야 하는 이유에 대해서 다시 한번 자극받았다. 그녀처럼 나도 나에게 무슨 상을 주어 위로와 격려를 해 볼까 하는 행복한 고민을 했다.

아이의 도전을 격려하고 응원했던 것처럼 지금부터 나의

도전을 응원하려 한다. 어떤 도전을 하기에도 나의 열정과 나이는 충분하다.

나이 들수록 여자가 아닌 남자가 되어가냐고 불만 섞인 농담을 하는 남편 말에 무슨 소리냐고 말을 자르곤 하지만, 사실은 내 안에도 용감하고도 도전적인 다른 무언가가 있는 것 같다. 도로에서 바이크를 타는 사람을 보면 멋있기도 하고, 저 기분은 어떨까 궁금해지기도 했다. 언젠가 TV에서 유명한 여자 연예인이 바이크를 타는 모습에 마음을 뺏기고 나도 타 보고 싶다는 생각이 든 적이 있다.

멋진 바이크를 타고 붕붕거리며 달리는 모습. 가죽 재킷에 고글을 쓰고 달리는 멋진 모습. 생각만 해도 가슴이 뻥 뚫리는 것 같다. 도전은 항상 가슴을 설레게 한다. 물론 실현할 수 있을지는 장담할 수 없다. 하지만 상상만으로도 행복해지는 것은 사실이다. 우선 오토바이 면허부터 따야겠다. 새로운 도전이 실현될지도 모를 일이다.

돌아보니, 그동안 많은 도전을 하며 살았다. 그 도전들은 어떤 때는 크기도 하고, 어떤 때는 작은 것에 불과했지만 생각해 보니 나는 도전이라는 그것을 동경하고 즐기고 있었던 것 같다. 아이 셋을 나아 기른 것은 숙명적인 도전이었고, 식당을 했던 것은 무모한 도전이었다. 나이 50에 나의 꿈을 찾아 새로운 인생을 시작한 것, 책을 쓰기 시작한 것은 이제 앞으로의 내 인생은 또 어떤 도전이 기다리고 있을까? 아니, 나는 어떤 도전을 선택하고 살게 될까? 도전이라는 것은 나이 들어가는 나에게 인생의 깊이를 더할 것이다. 앞으로의 나의 도전은 나를 행복하게 할 것이다. 도전하는 아이들을 응원했던 것처럼 이제 나의 도전을 힘차게 응원한다.

노후대책

5

미래를 준비하는 법

스마트한 세상 따라가기

막내가 학교에 들어가자 손으로 쓰는 알림장에서 인터넷 알림장으로 바뀌었다. 과제도 컴퓨터로 제작해 이메일로 제출했다. 그러니 엄마가 컴퓨터를 잘 사용하지 않으면 안 되었다.

그것도 잠시, 스마트폰이 등장하며 더 난감해졌다. 한참이 지나서야 나도 어느 정도 스마트폰을 자유롭게 사용하고, 금융 업무나 배달 주문 등의 일상 생활에서 스마트 기기 사용이 자유로워지고 있는데, 또 새로운 것들이 등장했다. 챗GPT니, 생성형 AI니, 연일 새로운 AI시대가 도래하고 있음을 알리는 여러 소식을 접한다. 이런 정보에 열심히 귀 기울이며 새로운 세상을 맞이하려 하지만 '앞으로 따라가기에 더 버거운 세상이 되겠구나.' 하는 생각이 들어 두려워진다.

20년 넘게 세 아이를 가르치고, 학습을 돌봐주던 엄마였는데, 이제는 아이들이 엄마인 나를 가르치기 시작한 것이다.

"엄마, 이런 것도 모르면 앞으로 세상을 어떻게 살려고…."
"똑같은 걸 벌써 몇 번째 설명하는 줄 알아?"

컴퓨터나 스마트 기기를 다루다가 물어보면 아이는 상냥하게 설명해 주다가도 반복되는 나의 답답함에 가끔은 짜증 섞인 소리를 할 때가 있다.

"너도 내 나이 되어 봐라. 엄마도 이러고 싶어 그러는 게 아니거든."

이렇게 큰 소리도 쳐보지만, 마음속으로는 위기의식을 느끼며 앞으로 변화하는 세상에 뒤처지지 않고 살려면 더 많이 배워야겠다고 생각한다.

세상은 너무 빠르게 변해간다. 세상이 변하는 속도와 내가 나이 먹어 인지하는 속도는 점점 격차가 벌어진다. 얼마 전까지만 해도 카페나 패스트푸드 점에만 있던 키오스크가 요즘은 테이블 위로 올라왔다. 이제는 어디를 가나 키오스크에서 주문한다. 마트에서도 자율 계산대에서 바코드를 찍으며 계산하고, 영화를 보거나 공항에 가서 수속을 밟을 때도 기계로 처리한다. 스마트폰으로 주문하고 결제하면 얼마 지나지 않아 현관 앞에 모든 것이 다 배달되고 있다. 이런 것 말고도 스마트한 기능을 미처 몰라서 사용조차 못 하는 일들이 얼마나 많을까? 안 되는 게 없는 세상이 되었다.

나이가 60이 넘어서도 여전히 열심히 사회활동을 하는 지인은 컴퓨터를 할 때마다 너무 어렵다며 농담처럼 항상 이런 말을 한다.

"새로운 기기를 익히려면 자기 나이만큼 반복해야 입력이 된다니까. 난 60대니까 60번, 자기는 50대니까 50번은 반복해야 겨우 머릿속에 입력될 거야. 하하."

정말 그 말에 공감했다. 나이 들수록 사실 새로운 것에 반응하는 시간도 오래 걸리고, 새로운 것을 배우는 학습 속도도 느려지게 된다. 새로운 정보가 마구 쏟아지는 요즘 같은 세상에서 나이 탓을 하면서 배우기를 게을리한다면 점점 더 세상과 동떨어지는, 뒤처지는 사람이 되고 만다. 자기돌봄을 잘하는 노년이 되려면 이런 새로운 것들에 적응하고 잘 활용해야 하겠다.

  나이는 먹어 가는데 세상은 점점 더 복잡해진다. 그래서 새로운 정보에 귀를 기울이고, 여기저기 재테크나 노후 준비 강의가 있으면 쫓아가서 들으며 세상에 뒤처지지 않으려 노력하고 있다. 나이 듦이 가치가 되고 경험이 되는 시대가 아니다. 나이 들수록 새로운 정보를 받아들이고 새로운 문물을 배우는 것을 게을리해서는 안 되겠다.

  아이들을 기를 때 현재가 아니라 변화하는 미래를 준비하고 새로운 세상을 대비하라고 했었다. 노년을 맞을 나도 마찬가지다. 다가올 세상을 위해 새로운 문물을 적극적으로 배우고 익히는 게 미래를 위한 준비이며 자기돌봄을 위한 방법 중 하나다.

할머니의 수의

어린 시절 내 기억 속 친할머니는 다정하고 사랑이 넘치는 분이셨다. 그러면서도 아주 강인한 분이셨다. 근접할 수 없는 냉정함과 카리스마가 있는 할머니는 때때로 아주 커다란 산처럼 느껴졌다. 하나밖에 없는 아들을 혼자의 몸으로 고생스럽게 공부시켰고, 겨우 장가보내서 아이 둘을 낳고 이제 행복하게 살만하다고 생각될 무렵이었다. 35세의 젊은 아들은 췌장암에 걸렸다. 6살, 5살 남매를 남겨 놓고 세상을 떠났다. 할머니는 암이라는 큰 병으로 아들을 여의게 된 것이다. 자식을 잃는다는 것은 하늘이 무너지는 슬픔이었을 것이다.

할머니는 큰 슬픔을 딛고, 우리 남매만을 위해 살았다. 아들을 따라 몇 번이고 죽고 싶었지만, 어린 것들이 가엽고 나약한 며느리가 안쓰러워서 차마 그럴 수가 없으셨다. 할머니는 더 강해지셨다. 어린 우리 남매에게 할머니이자, 아빠였고, 엄마가 되셨다.

어린 시절뿐 아니라, 성인이 되어서도 나에게 아빠가 없다는 사실을 거의 인지하지도 못했던 것은, 할머니가 모든 것을 넘치게 채워 주셨기 때문이다. 새 학기마다 가정 환경 조사서라는 것을 제출할 때만 '아. 나 아빠가 없었지.' 하는 걸 깨달았다. 아버지의 부재는 서류 상에만 있을 뿐이었다. 결혼하고도 가끔 친정에 들르면 연로해지신 할머니의 무릎을 베고 어리광을 부렸다. 어린 시절처럼 나의 할머니가 계속 그 모습으로 계시기를 바랐다.

할머니는 환갑이 되시던 해, 옷을 맞추셨다. 어떤 옷인지 몰라서 "그게 뭐예요?"라고 묻자, 할머니는 "나중에 내가 죽으면 이거 입을란다."라고 하셨다. 수의였다. 당시 넉넉지 않은 형편이었는데도 제일 좋은 안동포로 만든 것이라며 거금을 들여 샀다고 하셨다.

그날 이후, 할머니는 이사할 때마다 장롱 속에 고이고이 보자기에 쌓아 놓은 수의를 먼저 챙기셨다. 84세 되시던 해, 20년 넘게 간직했던 그 수의를 입고 땅속에 묻히셨다. 수의를 맞추셨던 할머니의 마음을 이제는 헤아릴 수 있다. 할머니가 돌아가실 때, 아들은 이미 세상에 없고, 철없는 손주들과 주변머리 없는 며느리가 당황하여 허둥댈까 봐 본인의 수의를 늘 품고 사신 것이다. 할머니의 수의는 어쩌면 평생 애처로웠던 자신에게 주는 마지막 보상이 아니었을까.

할머니는 돌아가시는 마지막까지 본인의 방식으로 현명하게도 자신은 잘 돌보셨구나.

할머니를 돌볼 사람이 당신 자신밖에 없으셨으리라는 것을 생각하면 지금도 내 마음이 아려 온다. 일찍 병들어 돌아가신 나의 부모님에 대한 안타까운 마음, 그 시절 본인을 위한 최선의 돌봄을 준비하신 할머니에 대한 기억은 나 스스로를 돌보는 자기돌봄의 필요성과 실천에 대한 강한 동기를 주었다.

죽음 계획 세우기

어느 날 가족들과 함께 식사하는 자리에서 시어머님이 이런 말씀을 하셨다.

"나중에 아프더라도 나는 연명 치료를 하지 않겠다. 내가 온전히 건강할 때 아들, 딸에게 부탁하니 명심하거라."

자식들이 하기 쉽지 않은 결정을 미리 알려 주시는 어머님께 나는 고마운 생각이 들었다. 오래전 나는 이미 이런 경험이 있다. 친정 어머니가 갑자기 많이 아프셔서 의식이 없으시자, 연명 치료를 하느냐 마느냐를 결정해야 했다. 나와 동생은 그 결정을 하는 게 너무나도 어려웠다. 어찌할 바를 모를 때, 그때도 시어머님이 하신 말씀이 도움이 되었다.

"결정이 어렵겠지만, 자식 입장 말고, 부모님 입장에서 먼저 생각하면 어떠니? 나라면 자식들에게 연명 치료를 하지 말라고 하고 싶구나. 나는 연명치료가 필요한 상태가 온다면 나의 죽음을 의연하게 받아들일 거 같구나."

결국 연명 치료 포기 각서에 서명했다. 엄마의 죽음을 내가 섣불리 결정하는 것이 아닌가 하는 생각에 한동안 힘들었다. 하지만 내가 그런 상황이 된다면 나 또한 자식들에게 망설임 없이 나와 같이 결정하라고 말할 것 같다. 죽을 때에도 나의 의지로 존엄을 지키며 죽고 싶다.

뉴스에서 네덜란드 전 총리 부부가 안락사로 생을 마감했다는 기사를 보았다. 안락사를 법으로 허용한 유럽 일부 국가에서는 있을 수 있는 이야기지만 그래도 조금은 충격적이었다. 자기 죽음에 대한 존엄성과 선택권에 대해 다시 한 번 생각하게 되었다.

언제 죽을지 누구도 장담할 수 없다. 자신이 늙고, 병들고, 죽는 것, 그것을 내가 결정할 수 없는 신의 영역이라고 무책임하게 방관해서는 안 된다. 적극적으로 노년을 준비하기 위한 자기돌봄의 견지에서 본다면, 나의 죽음까지 계획하고 준비해야 하는 것도 자기돌봄일 것이다.

죽음을 앞둔 시한부 주인공이 친구들과 친지를 불러 죽

음을 위한 즐겁고 행복한 파티를 하는 장면이 드라마에 나왔다. 죽음은 슬픈 일이지만 결혼식을 위한 파티를 하듯 장례식을 위한 계획을 짜고, 친지들을 초대하고, 슬프지만 즐거운 파티를 한다는 얘기였다. 의미 있는 죽음 의식을 한다는 점에 신선한 충격을 받았다. '죽음도 내가 계획할 수 있으면 좋겠구나.' 하는 생각이 들었다. 상조 가입하기와 같은 소극적인 준비를 넘어서, 나의 죽음을 더 구체적이고 적극적으로 준비해야겠다.

아이들에게 늘 다가올 미래를 준비하라고 했던 것처럼, 노년을 준비하는 나의 여러가지 미래 계획 속에는 죽음에 대한 계획도 필요하다. 나의 죽음을 준비하는 것도 자기돌봄의 실천이다.

막내까지 분가하면 지금보다 좀 더 작은 평수 아파트로 옮길 생각이다. 남편과 나는 연명 포기 각서를 쓰고, 상조를 들어 놓았다. 심심할 때면 맘에 드는 납골당을 찾아 납골당 투어도 해 본다. 유언장도 미리 쓰고, 좀 더 돈을 모아서 나중에 묻힐 곳을 마련해 두려는 계획도 세웠다. 자기돌봄에는 자신의 죽음을 겸허하게 준비하는 것도 포함된다.

사회적 관계 맺기

친한 친구가 하는 작은 책방이 있다. 가끔 놀러 가는데 그곳은 책방 이상의 의미가 있다. 사람들은 오며 가며 들러서 책도 보고, 이런저런 이야기도 나누며, 때로는 상담도 하고, 때로는 토론도 하며 자유로움과 편안함을 주는 공간이 되었다. 또 옆에는 지인이 하는 카페가 있어 커피도 마신다. 사람들로 항상 북적이고, 생기가 넘친다. 마음 편하게 언제라도 편히 갈 수 있는 곳, 가면 따뜻한 사람들이 항상 있는 곳, 말 그대로 아지트 같은 그런 곳이어서 너무 좋다. 언제든 부담 없이 참새 방앗간처럼 들를 수 있는 곳, 애써서 문화 센터나 복지관에 나가지 않아도 자연스러운 사회적 관계를 맺을 수 있는 그런 곳 하나 정도는 만들어야겠다.

언젠가 EBS 방송 '건축 탐구-집'에서 보았던 장면이 떠오른다. 바닷가 마을에 친한 친구 세 부부가 자신의 개성을 살려 각각 멋진 집을 짓고, 서로 아랫집 윗집 친밀하게 사는 모습이었다. 따로 또 같이하는 그들의 삶은 만족스러워 보였다. 뜻이 잘 맞는 친구들이 있다면, 서로 이웃하며, 외롭지 않게 정도 나누고, 노년의 무료함도 달래고, 도움의 손길이 필요할 때면 가족처럼 달려가 서로 돌봐주는 그런 노후여도 좋겠다.

방송을 함께 보던 남편은 자기도 친한 친구들과 모여서 노후에 저렇게 지내고 싶다고 했다. 유독 친구들을 좋아하고, 같은 동네에서 수십 년을 함께 한 친구들이 몇 명 되는 남편은 늙어서도 친구들과 함께하는 계획을 세워보는 중이다.

'박원숙의 같이 살아요'라는 TV 프로그램이 있다. 평균연령 63세인 여배우들이 함께 살며 실버세대가 지닌 고민을 나누며 인생의 후반전을 준비하는 이야기이다. 사별 또는 이혼, 미혼이기도 한 혼자 사는 여자 연예인들이 함께 모여 산다는 설정이 특이하다. 같이 사는 그녀들은 서로 상처를 위로하고, 의지하고, 이해해 가면서 또 하나의 새로운 가족을 만들어 간다.

이 프로그램에서 다른 무엇보다도 새로운 형태의 노년 가족에 눈길이 갔다. 늙어서 죽을 때까지 부부와 자녀가 중심이 되는 가족 형태를 유지하기란 어려울 것이다. 막상 노년이 되어서 혼자가 되었을 때를 상상하면, 자식만 바라볼 수도 없고, 혼자서 어떻게 살아야 하나 막막한 기분이 들 것이다. 하지만 노년이 되어서 친한 친구나 형제자매 등 마음이 잘 통하는 사람과 몇몇이 모여 가족을 이루어 정을 나누고 서로를 돌보며 살 수 있다면 꽤 의미 있는 노년의 삶이 될 것 같다.

사회에서 제도적으로 운영하는 돌봄 서비스도 좋겠지만, 나의 상황과 취향이 맞는 자발적인 돌봄을 계획해 보는 것도 앞으로 있을 나의 긴 노후 생활을 행복하게 보내기 위해서 필요해 보인다.

그래서 나는 뜻이 맞는 친구들과의 관계를 더 깊이 있게 만들고 연결의 힘을 쌓으려 하고 있다. 모임이 더 구체적이고 목적이 있어야 소속감도 생길 것이다. 그래서 '여행 친구들', '독서 모임' 등 이름을 정하고 정기적인 모임을 한다. 일적으로 만나는 대학원 사람들과의 커뮤니티도 만들어서 사회적인 일을 함께하는 계획을 하고 있다. 각자의 전문적인 부분을 발전시켜 돌봄을 서로 공유하고 연구하는 모임으로 만드는 게 나의 계획이다. 노후의 돌봄을 위한 이런 계획이 보람있는 성과를 내면 좋겠다.

나의 성장은 계속된다.

아이가 몇 년에 태어나서 초등학교에 입학하고 몇 년에 대학교에 들어가고…. 엄마의 앨범에는 아이의 역사 연대표가 그려진다. 나의 연대표에는 결혼하던 그해 이후로 아이들의 역사만 있었다. 그러다 27년 만에 새로운 기록들이 생기고 있다.

엄마를 졸업했고, 나의 직업이 생겼으며, 처음으로 책을 쓰기 시작했다, 책을 쓰기 시작하며 새로운 인생이 시작되었다. 여전히 아이들은 성장하고 있다. 달라진 것은, 나도 같이 성장을 시작했다는 것이다.

이제 내 나이도 50대 중반을 넘어 후반으로 달려간다.

나이에 따라 시간이 흐르는 속도가 다르다고 말한다. 20대에 20키로의 속도로 달리던 시간은 이제 가속도가 붙었는지 50키로를 넘어 곧 60키로가 되어 가고 있다. 하지만 빨리 달리니 젊었을 때 보다 목표 지점에 더 빨리 도착하지 않을까 하는 꽤나 역설적인 생각을 하기도 했다.

책을 써서 멋진 작가가 되는 것은 나의 희망 사항 중의 하나였다. 어느 날 직장에 다니던 큰아이가 말했다.

"엄마, 친구들에게 엄마 얘기를 하면 감탄을 해. 우리 삼남매를 훌륭하게 잘 키워 줬잖아요. 그 얘기를 책으로 쓰면 어때요? 이제 엄마가 하고 싶은 것을 했으면 좋겠어요."

막연히 책은 쓰고 싶었지만, 무엇부터 해야 할지 몰랐던 내게 아이들 모두 '엄마는 할 수 있어!'라며 용기를 주었다.

나는 아이들이 어려서부터의 재능을 발견하려 했고 늘 긍정적으로 아이들을 응원해 주었다. 이제는 아이들이 나를 응원해 준다. 때로는 사랑으로, 때로는 치열한 입시 전략으로 아이들을 지지했다. 입시 전략은 아이들에게서 끝난 게 아니다. 노후대책을 세우고 실천하는 지금의 나에게 그때 아이들에게 했던 입시전략을 적용한다. 그것은 내가 잘 실행해 나갈 수 있는 노후 전략이 될 것이다.

많은 것이 변했다. 아이들은 어른이 되었고, 나는 나의 일을 해 나가고 있다. 나 역시 나의 멋진 노년을 위해 한 걸음씩 나의 꿈을 위해 다가가고 있다. 이 책을 시작으로 나는 책 쓰는 일을 계속할 것이다. 한 권 두 권 책을 써 가며, 나는 계속 성장하고 싶다. 이 외에도 가슴 설레게 하는 새로운 도전을 계속해 나갈 것이다.

건강한 노년으로 산다면 더 바랄 게 없겠지만, 더 늙고 많이 아파서 돌봄이 필요한 상태가 되더라도 나의 계획들을 실천해 갈 것이다. 나의 성장은 계속된다.

설마 저희가 엄마의
노후대책은 아니겠지요?

초판1쇄 2025년 2월 6일
초판2쇄 2025년 3월 8일
지은이 황혜정
발행인 강미선
편집교정 이원경
디자인 d.purple
일러스트 Freepik
발행처 칸나북스
등록 2017년 3월 16일(제2017-000034호)
주소 서울시 영등포구 문래북로 116 트리플렉스 B211호
전화 (02)2677-0712
팩스 050-4133-7255
전자우편 cannabooks@naver.com

ISBN 979-11-983405-4-2 13370
© 황혜정, 2025, Printed in Korea